原爆と人間

21世紀への被爆の思想

田川時彦 著

高文研

はじめに

戦後の被爆者運動は、直接的な願いや要求を基礎にして進められてきました。しかし、運動のなかで、その願いや要求を実現しようとするとき、さまざまな困難や新たな課題と出会い、被爆者は、いろいろな精神的、思想的な葛藤を経てきました。その精神的なあゆみの軌跡、そこに生み出され、蓄積されてきた思想があります。その共通の精神的軌跡や思想の蓄積は、被爆者が、そうしか叫べない、それを避けては人間として生きることはできない、まさに被爆者の生き様そのものの結晶というべきものでした。それをこの本ではまとめてみたいと思いました。

たとえば、戦後、原爆で生き残った被爆者は、すぐそばで死んでいった子どもや親、妻や夫、友人などのことを忘れることはできませんでした。それだけではなく、生き残ったことについての死者への罪悪感、負い目、つぐないなど、つねに意識しながら生きざるをえませんでした。若い世代に、被爆者がヒロシマ・ナガサキの体験を伝えようとするときにも、肉親や友人の死や自分の生や死の問題とかならずぶつかり、そこを避けては体験を語ることはできなかったのです。その死者との対話を経て、自分の生きる意味を再発見することなしには、人間として生きることすらできなかったのです。

そのような幾多の葛藤を経てきり拓いてきた生き様のなかから、その思いや願いを組み込んだ被爆者の思想ともいうべきものが形成されてきました。このヒロシマ・ナガサキの体験と思想を意識的にとらえなおし、伝えることが、世界中の人々、大きくいえば人類に果たすわたしたちの役割であり、かつまた責任ではないかと考えました。

私たちが、被爆体験を語るとき、子どもたちのなかには、「たいへん気の毒」「かわいそう」「自分でなくてよかった」「それはずいぶん昔の話だ。いまは平和でよい」などというような感想が顔の表情に表れたり、そのような発言をする子どもたちに出会うことも少なくありません。しかしそれは、若者や子どもたちの責任ではなく、ある意味では素直な反応であると思います。問題は、伝える側の被爆者（おとな）の語り方、伝え方であり、ひいては自らの生き方に関わることだと思うようになりました。それを避けては人間として生きられなかったその生き様を語り、私たち被爆者が、若者や子どもたちが現に生きているその現在と未来に対して抱いている願いと思いを伝えること、そこで心を通じ合うことを通して、被爆者の願いを伝えきることができるかどうかだと考えるようになりました。

今や世界人類の生き方は、破滅か生存かの岐路に立たされているといっても過言ではありません。そうであるならば、被爆者の精神的軌跡と思想そのものが、人類の生存に関わる意義を持つに至っている面があるともいえるのではないでしょうか。そしてまた、そこに被爆者の切なる願いの根源があり、又被爆者が切り拓いてきた生き方の意味もあります。

この本の構成と編集は、編集委員会にほぼ全面的にお願いすることになりました。私の意図を汲んで作業を進めて下さった編集委員会の皆さんに、深く感謝いたします。なお、本書の構成から見ると、第Ⅰ部2の「原爆と人間」を先に読んでいただいてもかまいません。「21世紀への被爆の思想」と副題した思いを汲み取っていただければ幸いです。

二〇〇三年六月

田川　時彦

もくじ

2 原爆と人間

〈第Ⅱ部〉被爆体験から教育へ

〈第Ⅲ部〉平和のための教育実践

装丁　商業デザインセンター・松田礼一

〈第I部〉被爆の思想

1　被爆の思想

(1)　被爆の思想化

プロローグ

舞台で演じていた道化師が、楽屋からの出火に気がつき、「火事だ！　逃げろ」と絶叫した。しかし観客は、それも道化の演技だと思い、げらげら笑って見続けた。本当だと観客の気付いたときにはすでに退路がなく、道化師も観客も共に炎に包まれ最期を遂げたという。

劇場は「地球館」、または「人類座」とも称したとか。

その一　「人類破滅の日」の実感

※地球最後の日

「……海田市に動員されていた私たち広島師範予科生の一団は、市内から逃げる被災者の流れに逆らうように、皆実町の学生寮に向かって走りました。

このとき見た光景は、かつて自分が想像もできなかった、むごたらしいものでした。赤むくれになった腕の前に、ぼろきれのように火傷の皮膚を垂らし、幽霊のようにふらふらと黙って歩く人びと、何かにつまずくと、ばたりと倒れ、ふたたび起き上がろうとしません。一人の女学生は、上半身の白いブラウスが焼け残っているのに、下半身の黒っぽいもんぺの方が燃え、火傷の半裸体で泣く泣く逃げていきました。

十六歳の少年だった私は、あまりの異様さに、いきなり頭をなぐられた感じで、通常の感覚や感情が一気に麻痺してしまいました。ただ脈絡もなく〈地球最後の日〉という言葉を心に浮かべていました」（筆者の証言）

※死んでいる自分

「爆心から二キロにあった学生寮は、元師範学校の旧校舎を改造した木造の大きな建物でしたが、爆風でぺしゃんこに倒壊していました。かろうじて類焼だけは免れました。材木の下から重傷の学生を引き出したり、つぶされて死んだ何人もの学友を荼毘《だび》にふしたり、二日間は無我夢中の作業を続けました。しかし、そのうちに自分自身の行動があいまいになりました。

自分はなぜ生きているのだろう？　こんな光景のなかで生きておれることが不思議になってきたのです。さっきの死体は、自分ではなかったのか？　自分が自分の死体を運んだのではないか？　今、生きていると思っている自分は、ほんとうはもうあの世の、死後の世界をさまよっている姿ではないのか？

何もかもが信じられなくなりました」（同）

※人類破滅の日

「……被爆してから三日目だったと思います。私は教官の許しを得て、爆心から一・五キロ、白島町にあった伯父一家の安否をたずね、半日以上も焼け跡を探し回りました。けれど、その場所も確認できないまま夕刻になりました。

猿猴川の土手道には、軍隊が出動して積み上げた死体の山が二十メートル置きに続いていました。今夜眠る東雲町の半壊校舎へ帰るには、そこを通り抜け南に下らねばなりません。焼け焦げた死体の手や足や胴体、腐乱した頭や顔がいやでも目にとびこんできます。それさえ、またぎ越して行かなければならないのです。

何体目だったでしょうか、足を踏みはずした私は、死体の山へ横倒しになってしまいました。ずるっとした感触と鼻をつく屍臭は、どんなにしても、体から剥ぎとれそうもありません。感じてはならないことを感じさせられてしまった恐ろしさに、少年の心は固く冷たく凍りついていました。

夕暮のとばりがいつしか土手下の死の荒野に降りてきて、遠く西の空が、今なお燃え続ける街の炎のためか、あるいは夕焼けの残照なのか、光のないどす黒い血の色に染まっていました。それはムンクの描く『叫び』の絵にも増して、絶望的な光景でした。私は、またしても死んでしまった自分が、さ迷い、ここに立っているのだと思えて仕方がありませんでした。

この時、私は〈人類破滅の日〉の光景を見ました」(同)

※エドワルド・ムンク

ムンクは北欧のノルウェーが生んだ最高の画家といわれる。一八六三年、オスロに生まれ、一九四四年没。幼い時から家族の相次ぐ死、度重なる恋の痛手などで生きることへの恐怖と死の影に満ちた画風を生み出した。

ムンクは、作品『叫び』の着想について次のように語っている。

「ある夕暮れ、道を歩いていた。私は疲れていて気分が悪かった。太陽が沈み、雲が血のように真っ赤に染まる。その時、私は〝自然を貫く叫び〝を聞いたと思った。そして、この絵を描いた。雲を本当の血のように描いた。色彩が叫び声をあげた……」

作品の解題にも、次のように記されている。

「……骸骨にも幽霊にも見える前景の人物は、画家自身、身をよじり叫んでいるが、むしろ自然を貫く叫びに自分が貫かれ、あまりに恐ろしい響きにたまらず耳を押さえている。……そして、ある夕暮れ、垂れこめる血色の雲に包まれ、その瞬間、彼は生の奥底に響く恐怖の〝叫び〝を聞き、生きることの恐怖に貫かれたのだった」

（『ラミューズ・世界の名画と美術館を楽しむ』第18号、講談社、一九九三年）

いつの年だったか、東京丸ノ内の美術館でムンク展が開かれた。私が初めて『叫び』の実画と対面できた時のことである。とつぜん、その場で「あの日」の光景がよみがえり、この絵の画面と重なってしまったのである。

被爆者のだれもが、あの日は〈この世の地獄だった〉という。地獄としか言い様のない絶望的な世界を垣間見せられたのではないだろうか。

被爆者は「あの日」、原爆地獄のなかで、地球最後の日、世紀末、人類破滅、人間終焉つまりハルマゲドンを実感し、予感もさせられたのだ。

※人間でなくなる

地獄は、被爆者が目にした悲惨、残酷な光景だけではなかった。被爆者自身も地獄のなかで人間でなくなっていたと証言する。

――足元の「水ヲクダサイ」の訴えにも、どうしてあげることもできないで、死体をまたいで踏ん付けて、逃げてしまいました。生き地獄のなかでは、人間らしい行為、道徳的行為一つもとることができませんでした。その時私はもう人間でなくなっていました。

(日本被爆者団体協議会〈以下「被団協」〉『ヒロシマ・ナガサキ死と生の証言』新日本出版社、一九九四年、以下『死と生の証言』と略記)

――何人もの死体を運び焼却していくうちに、人間への憐憫も枯れ果てて無感覚になっていきました。平気で死体も跨ぎ、人間が物にしか見えなくなってしまいました。(筆者の体験)

した。

――「鬼の目にも涙」といいますが、私は涙も出ませんでした。私は、鬼以下になっていました。（東友会Mさんの証言）

生き残ったとはいえ、その時、自分の心のなかに悪鬼が棲んでいた。ふたたびあの地獄が現出すれば、それこそ多くの人びとが悪鬼と化すに違いない。原爆（核兵器）が存在し使われ続ければ、人間の顔をした鬼のはびこる世界になっていくのではないのか。

人間性が破壊されて悪鬼となった恐怖は、被爆者の意識をこえて、人間世界の破壊を予感させる警告をふくんではいないだろうか。

マンハッタン計画の原爆製造を推進したロバート・オッペンハイマーが、米アラモ・ゴードで史上初の核爆発実験に立ち会った時、彼の頭をよぎったのは、古代インドのサンスクリット叙情詩の次の一節だったという。

「私は、世界の死神、破壊者となった」（塩田庄兵衛編『核言集』大月書店、一九八九年）

一九八五年、日本原水爆被害者団体協議会が発表した「被爆者の基本要求」にも「原爆は、人間として死ぬことも、人間らしく生きることも許しませんでした」と記している。

「人類破滅」とは人間死滅の意味だけでなく、人間の道義、精神、文化の崩壊をも意味しているのである。

その二「原爆は私に、人類の上に落とされた」

広島、長崎への原爆投下は、人間が人間の頭上に、最初の核兵器を使用した行為であった。この日から、地球上に生存するすべての人間は、否応もなく核時代に突入させられた。人類は、みずからの手によって破滅するのか、それとも生き続けるのか、その運命を決する未来への責任を私たちは背負うことになったのである。

原爆が炸裂した瞬間、辛うじて生き得た被爆者は、誰もが原爆は「私に落とされた」と感じた。通常爆弾の常識をはるかに超える、すさまじい閃光と、爆風の衝撃、焼け焦げる熱の熱さを感じたからである。

しかし、時間を経ずして、ここかしこで、叩きつけられ、潰され、焼き焦がされた多くの死体を見て、街そのものが消滅していることに気付き、原爆は「広島に落とされた」「長崎に落とされた」と感じとった。

――その後、被爆作家の大田洋子は、原爆投下の政治的な核戦略の意図に気付いて「原爆はヒロシマに落ちたのではない、日本に落とされたのだ」と、宮本百合子の追悼会で述べる。

被爆詩人の峠三吉も、同じ視点から叙情詩への批判があったことに応え「人類最初の原爆は、東洋の列島、日本民族の上に投下され」たと「その日はいつか」の作品に表現し、後に『原爆詩集』（青木文庫版、一九五二年）に加えられた——という。（峠三吉『　詩集　にんげんをかえせ』〈増岡敏和編、新日本出版社、一九八二年の解説による）

…………
ああそれは偶然ではない、天災ではない
世界最初の原爆は正確無比な計画と
あくない野望の意志によって
日本列島の上、広島、長崎をえらんで投下され、
のたうち消えた四十万きょうだいの一人として
君は死ぬる、
…………………

原爆投下の翌年、アメリカの詩人ハーマン・ハゲドーンは、長編叙情詩『アメリカに落ちた爆弾』のなかで次のように記した。

爆弾がヒロシマに落ちた。

忘れはすまい。

……………

直径二マイルの円周内の家屋は全滅、一〇万人余の人間が殺された。

……………

今までに、こんな死様があったろうか。

溶けたのだ、気化したのだ。

肉であり骨であり筋であり血であり脳であったものが、一瞬にして、微少な分子となって、
広島市上を漂った。

……………

広島に落ちた原爆はアメリカにも落ちたのだ。

市に、軍需工場に、港に、落ちたのではない。

教会を抹殺し、大建築を気化し、人間を原子に還元したのではない。

しかし、落ちた、落ちたのだ。

炸裂して、この国土を震撼した。

……………

広島に落ちた原爆はアメリカにも落ちた。
それは国民に落ちた。
数十万どころの騒ぎでない、一億五千万人に落ちた。
…………………

（入江直祐訳『アメリカに落ちた爆弾』法政大学出版局・一九五〇年）

宗教的人間の倫理、道義の問題として「広島に落ちた原爆は、アメリカにも落ちた」と指摘し表現した。

一九七七年、ＮＧＯ（非政府組織）主催による「被爆の実相とその後遺・被爆者の実情に関する国際シンポジウム」が広島で開催された。その開会総会で、アーサーブース議長は、核軍拡競争によって世界に多くの核実験被害者が生じていることをふまえて「地球上のすべての人びとはヒバクシャなのだ」と述べた。

閉会総会では、ノーベル賞受賞者のノエル・ベーカー氏が「生か忘却か！　ヒロシマ・ナガサキのヒバクシャから全世界のヒバクシャに訴える」と題して、

「私たちはみんなヒロシマ・ナガサキの生き残りです。私たちもまたヒバクシャです。あの悲劇に生き残った人びとが自分をそう呼んでいるように……」と述べ、

「もし、私たちが、いま押し流されているように、このまま漂流をつづけるなら、夢遊病

者のように、フラフラと終末的破局へ落ち込んでゆくでしょう。そうなれば人類は滅亡し、人びとの話し声はもう二度と聞かれなくなるでしょう…。

ヒロシマ・ナガサキの教訓は、進んでそれを学ぼうとするなら、私たちを救うことができます。しかし、時はせまっている。私たちはすぐに行動しなければなりません。

全世界のヒバクシャよ、団結せよ。

輝かしい未来の人民、それは私たちだ」

と、世界の人民に核兵器廃絶を呼びかけた。

「原爆は、私に落とされた」という被爆者一人ひとりの実感は、峠三吉が「ちちをかえせ／ははをかえせ／としよりをかえせ／こどもをかえせ…」と人間個別の命を返せと訴える詩とも重なってくる。同時に彼は「わたしをかえせ／わたしにつながる／にんげんをかえせ」とつづける。原爆で破壊された人間性、人類すべてに共通する人間そのものの「くずれぬへいわを／へいわをかえせ」と普遍化したのである。

ノーベル賞を受賞した大江健三郎氏は、つねに日本の被爆者の訴えを意味づけてきた。最近の新聞論壇でも次のように書いている。

「私は、日本の自虐史観説の根本にあるひよわさに対して、広島、長崎の被爆者たちの『時』にきたえられた誇るべき強さ、普遍性を示したい」

日本のアジア侵略という重い歴史的な責任を背負いながらも、同時に、全人類が今日の核時代に同じ運命を背負っていること、核兵器廃絶によってこそ、人類が生き延び発展できることに確信をもち、被爆者はもちろん、被爆国日本の私たち一人ひとりが、国際的に普遍化した被爆の思想を広げる使命を担っているのではないか。

(2) 人間回帰

原爆による人間破壊は、およそ人間と思えぬ残酷な被爆死をもたらしたばかりか、生き残った被爆者にも、深刻で反人間的な原爆後遺の傷を残した。しかも、それは、肉体だけの傷でなく、心、精神、道義にまで及んだ。

生き残った被爆者は、その傷に苦しみ、葛藤し、人間らしい心に回帰するまで、さまざまな動機と長い時間を要した。

※峠の母

広島の街は　全滅だという
けれど母は
学校の寄宿舎にいたはずの息子が
昼は帰るか、夕方には戻るかと
仕事も手がつかず　待ちつづけた

広島から遠く離れた　この田舎町にも
毎日トラックで
つぎつぎと　被爆者が　運び込まれる
屍体は
小学校の校庭に　ずらりと並べられる

この中に　もしやわが子が
母は　その一体ずつを
のぞきこんで　歩く
数えきれないほどの　屍体のなかには

あるいは　これが
息子の体つきに　似たものもあるが
何しろ
黒焦げて腐乱し始めた　屍体では
それ以上の確かめようもない

五日目の朝
ついに　たまりかねた母は
幼い子たちを　近所にあずけ
広島へ通じる　鉄道の駅まで
一人とぼとぼと
峠の道を　のぼり始める

息子の方は
生き残れは　したものの
連日　学友たちの　死体処理に当たり

歯茎からの出血　倦怠感　発熱と
得体も知れない症状におそわれ
死臭の　しみ込んだ
ぼろぼろの学生服のまま
やっとこの日　田舎駅に降り
夏の山道を　わが家に向かって歩く

「母さん！」
先に声をかけたのは　息子の方だった
一瞬　母は
幽霊にでも　出会ったかのように
息を呑み込んだまま　立ちすくんだ

「…………」
息子の名を呼んだが　声にならない
あとは　走り寄って

膝にとりすがり
肩をふるわせ
泣きくずれるだけの　母だった

暑い夏の　白い峠の道
息子の目には
ふるさとの山が
木々の緑が
無性にまぶしく　光って見えた

田舎に帰った私は、貧しくても新鮮な水と野菜を、ふんだんに飲み食いできたせいだったのか、被爆の急性症状から脱することができた。

※学友の死

広島師範学校の予科寮は、皆実町一丁目、比治山橋のたもとにあった。旧師範の木造校舎を改造した大きな建物だった。八月五日から泊り込みで郊外の海田市へ作業に出かけた私たち予科二年生を除き、一年生全員と二年生の一部残留の学生が寮にいた。

爆心から二キロメートルの寮はひとたまりもなく全壊したが、まわりが学校農場と軍隊であったため、類焼だけは免れた。

作業に出かけていた私たち一団が、燃える街の炎を避けながら寮に帰り着いたのは、かれこれ昼に近い時刻だったと記憶している。行友寮監長が、血糊の垂れた顔面で、竹竿を杖に私たちの前に立ち、

「頼む、元気なのはお前たちだけだ。まだ、この下に何人も埋まっている。一刻も早く救け出してやってくれ」と、ふりしぼる声で訴えられる。

私の部屋は、一年生ばかり七人が在室していた。二人が重症、四人が軽傷と、それぞれの容体と収容と避難の場所が夕刻までには確認できた。一人、垣原明だけ、行方がつかめない。彼は、机も寝台も私と隣り合わせの学生だった。

軽傷だった佐々木と中島の報告によると、垣原は、鋭い閃光の瞬間に、

「室長さーん！」

と叫んで、部屋の出口へ走ったという。

「室長」とは、私のことである。

閃光から爆風までの短い時間から考えて、垣原が出口を出るか出ないかで寮は倒れたと彼

らは報告する。学生十数人が急ぎ作業にかかり、その辺りだと思える場所の梁や柱、瓦、壁土を取り除いてみたが、いっこうに垣原は現われなかった。

三日目の夕方だった。作業を終えた私たちは芋畑の傍でゲートルを解き、休んでいる時だった。

「見つかったぞ！」

だれかの大声が聞こえた。部屋のあった方角である。私は直感的に垣原に違いないと思い、走った。

彼は、とび出したはずの出口とは、まるで反対の部屋の隅に埋まっていた。爆風のため、七、八メートルも吹き飛ばされていたのである。崩れた壁土の下から、灰色になった右手がのぞいていた。何かを掴もうとするような指かっこうだった。断末魔の瞬間、「室長さーん」と私を呼んだ彼の手だと思ったとたん、いきなりこみあげ、どうすることもできなかった。

無惨で見る影もない。暑い夏の三日目であれば腐乱はもちろんのこと、なぜか頭部だけが、通常の体積の四倍にも膨れ上がっていた。きりっとした顔だった少年の彼とは、まるで違っていた。しかし、着ているシャツに縫い付けてある彼の名に間違いはなかった。

※老父との対面

四月に垣原が入学し入寮したとき、

「気の弱いやつですし要領も悪い息子ですが、室長さんにおまかせします。どうかよろしくお願いします」

年老いた彼の父親は、曲がった腰をいっそう低くし、生意気ざかりの少年の私に、深々とお辞儀をし、県境の備後赤坂の田舎へ帰って行かれた。

軍隊以上だといわれる程に軍国主義教育が徹底し、無法な上級生の鉄拳制裁が続く男子師範の予科寮だった。垣原は、ワラをもつかむ思いで室長の私を頼りにしたし、私も次第に彼を弟のように思い始めていた。まじめで機敏な学生で、ほとんど注意することもなかったが、一度だけ叱ったことがある。それも、原爆投下三日前の八月三日の夕刻だった。

動員先からいつもより早めに帰った私が、ちょうど部屋に入ったその時、一人いた彼が、土瓶の口をじかに喰わえ、茶を飲んでいるのを見た。土瓶の茶は、部屋みんなの共用である。私自身もめずらしいぐらいに、きつい声で叱ってしまった。彼も、真っ赤な顔をしてあやまった。しかしこれは、必ずしも彼だけの行為ではなかった。横着な同室の二年生も時々やることであった。室長の責任でなら、同じように叱らねばならないはずであるが、必ずしもそうはしていなかった自分に、苦い思いが残ってしまった。叱りつけたその垣原が、私を呼んで死んだことで、私の胸に終生消すことのできない痛恨の思いを残してしまった。

他の死没学生と同様に、学校農園の一隅で荼毘《だび》に付した垣原のお骨は、すぐに学校の教師をしておられたお兄さんが受け取りにみえたと記憶している。〈病弱な父は息子の死を知らされたショックで床につき、とても来られる状態ではない〉とのお話だった。

その父親が、半壊した本校の校舎で寝起きしている私を訪ねてみえたのは、その年、原爆の傷口も癒えない広島を枕崎台風が荒れ狂った後の、九月も下旬のことだった。

私は倒壊した予科寮の跡まで父親を案内した。風雨にさらされた柱や梁が折れ重なり、瓦や壁土、汚れた寝具、めくれた教科書やノートの散乱している一隅を、私は指さし、

「ここで亡くなっておられました」

と告げた。

父親はその場所に水筒の水を注ぎ、雑嚢から取り出した果物を供え、線香とろうそくに火を灯される。しゃがみ込んで膝をついた老父の背中が次第に大きく震え始める。そして、とぎれ、とぎれに、

「…………さびしかっただろうなあ」

「寒かったろう……」

「今日まで来てやれなかった父さんを許してくれ！」

あたかも、そこに息子が居合わせるかのように、嗚咽の言葉をくりかえされる。

どう対応したらよいのか私は途方にくれた。夕暮れも近づいてきて、待っている時間はとても長いものに感じられた。

やおら立ち上がった老父は、悲しい目で私を下から見上げながら、

「室長さん、あなたは生きておられてよかったですね」

と、つぶやくように言われた。通常のあいさつ言葉であったかも知れない。しかし、私は返す言葉がなかった。身の置き場に困った。

垣原が入寮して来たとき、「息子をあずけます。どうかよろしく」と依頼された言葉とも重なって、生き残った室長の自分が、醜くさらされているように思えて仕方がなかった。

このとき以後、私は、垣原の死に対して、生き残ってしまった罪業を背負わなければならないと覚悟した。そして、垣原親子が追い込まれた悲惨と苦痛に比べれば、自分など原爆のことを語る資格はないと、長い間、被爆の体験も自分から心の奥底に閉じ込めてきた。

※私を変えた仲間と「墓標」

一九六五年の夏、秋田県の田沢湖高原で、「文学教育研究全国大会」が開催され、私も参加していた。

二日目の八月六日午前八時、集会は開始され、大会行事が進行し始めた。自分も集会委員

の一人であったが、八時十五分が近づくにつれ私だけは会議の流れと別に、ひそかにあの日の垣原の死に心をはせ、冥福を祈ろうとしていた。

ところが、とつぜん、それが中断させられる。すぐ横の席にいた大会委員の友人の一人が、とつぜん立ち上がり、次のような緊急提案をしたのである。

「今日は八月六日。私たち日本人にとって、いや人類とって忘れてならない日である。原爆で被爆した峠三吉の詩を朗読し、原水爆禁止の誓いを新たにしようではないか」との主旨である。満場一致で、詩の朗読が始まった。

「墓標
きみたちはかたまって立っている
さむい日のおしくらまんじゅうのように
だんだん小さくなって片隅におしこめられ
いまはもう
気づくひともない
…………………」

私には、声に出せない詩である。

「いくら呼んでも
いくら泣いても
お父ちゃんもお母ちゃんも
来てはくれなかっただろう
とりすがる手をふりもぎって
よその小父ちゃんは逃げていっただろう
…………………」
否応もなく聞こえる朗読の言葉。
垣原
いくらよんでも
室長のおれはこなかっただろう
にげていっただろう
あの時の光景がダブって聞こえる。

「比治山のかげで
眼をお饅頭《まんじゆう》のように焼かれた友だちの列が

おろおろしゃがみ
走ってゆく帯剣のひびきに
へたいさん助けて！　と呼んだときにも
君たちにこたえるものはなく
暮れてゆく水槽のそばで
つれてって！　と
西の方をゆびさしたときも
だれも手をひいてはくれなかった
……………」
あふれる涙を、私はどうすることもできなかった。

「君たちよ
もういい　だまっているのはいい
戦争をおこそうとするおとなたちと
世界中でたたかうために
そのつぶらな瞳を輝かせ

その澄みとおる声で
ワッ！　と叫んでとび出してこい
………………」
参加していた青年教師たちも目をしばたたき、感動の波紋は次第に大きくなり、期せずして始まった「原爆ゆるすまじ」の歌声は、会場を圧し、朝の高原にひろがっていった。

※自閉の壁を破る

私は、一体何をしてきたのだろうか。あの時、私を呼びながら死んだ垣原にどう答えてきたのだろうか。主観的な悔恨の思いと冥福を祈ることだけで、垣原の死に報いることになったのだろうか。そうではなかった。原爆犠牲者の無念の思いを、峠三吉は詩で訴えているではないか。しかも怒りをこめて――。その上被爆者でない大会委員の友が、それを取り上げ、多くの教師にひろげたではないか。なぜ被爆者の自分にできなかったのか。仲間への感歎もさることながら、だらしない自分が悔やまれてたまらなかった。

教職員組合の中だけでの一般的な平和運動でしか行動してこなかった自分は、被爆の体験を生きる原点にすえていなかったのである。

垣原が、私を呼んだのは、不当な死に追いやられる恐ろしさ、悔しさ、無念さを訴えたかったのではないか。そして、生きたい、生きて夢であった教師になりたかったはずである。生き残った私が、彼に代わって何かができるとするなら、彼の叫びと願いを、私がもう一度叫びなおして多くの人に伝えることではないのか。優秀な学生だった。生きていれば、彼も戦後の民主教育をすすめた、すぐれた教師の一人になっていたにちがいない。

このことがあってからだ。わたしは教室の子どもたちの前に立つとき、垣原の思いも考えながら教育の仕事を続けるようになった。平和教育への提案と研究の組織化にも努め、みずからも被爆者だと名のり、東京下町の被爆者の方を一軒一軒訪ね歩き、組織をつくり、原水爆禁止運動にも参加するようになった

＊「峠の母」の詩は、一九九〇年「和波孝禧・愛と平和のコンサート」で発表し朗読されたもの。「学友の死」以降の文章は、『子どもに戦争をどう教えるか』文化書房博文社刊、一九八二年／掲載の「体験から表現へ」の一部を書き直したものである。

（筆者）

(3) 一人ひとりの原爆死

※原爆死没者数

原爆による死没者数は、「広島で十四万人（誤差＋－一万）、長崎で七万（誤差＋－一万）、合計約二十余万人が一九四五年の暮れまでに死没した」

これが、一九七七年に日本で開催された「ＮＧＯ被爆問題国際シンポジウム」から国連に報告され、現在、国際的にも認知されている数である。

「その年の暮れまでに」と被爆後四ヵ月の期間をとっているのは、熱線や爆風による即死者以外に、原爆特有の急性放射線障害による死者も含めているからである。

また、その後の日本被団協の調査、厚生省の調査でも「死者の六五％が、十歳以下の子ども六十歳以上の年寄そして女性の、非戦闘員だった」と報告されている。

ちなみに、死者ひとりの横幅を五十センチとして、隙間なくならべると、実に百キロ以上も死体が続くことになる。それにそって歩けば、大人の足でも二、三日はかかるだろう。

アジア太平洋戦争中の日本の軍人・軍属の全死没者は約二百三十万人といわれるが、ヒロシマ・ナガサキの死者だけで、その十分の一に当たる。

高校生の平和学習で、原爆死没者の数だけ、週刊誌掲載の顔写真を誰かれかまわず切り抜いて模造紙に貼りつけ、体育館の壁全面に掲示しようとしたが、壁面が足りず、全死没者数の掲示は不可能だったと聞く。

わたしたちは、原爆死没者数をさまざまな形で説明してきた。死者の多さを他の数と比較したり、長さや量に置き換えたりして、実数の恐ろしさを想像する工夫もしてきた。

しかし、原爆死没者のことを、こんな数の大きさだけで説明してよいのだろうか。いつのころからか、自分のなかで気になり始めた。死者に対する冒涜ではないかとさえ考えることもある。

※一人ひとりの原爆死

「燃えさかる炎がすぐそばまで近づき、崩れた家の下敷きになっている母親をついに助け出すことができませんでした。

『ごめんなさい！　お母さん！　こんな親不孝を許してください』

私は逃げていく途中、何度もふり返っては手を合わせて泣きました。何年たっても、どんな所にいても、消すことのできない、一日として忘れることのできない私の苦しみです」

（日本被団協『原爆被害者調査』〈一九八五年一一月実施〉の証言記述より）

原爆の炎に焼き殺される母、それを見ながら生きてしまった子の苦悩を、他者と同じ数に入れるだけでよいのだろうか。生きたまま焼き殺される残酷な一人だけの原爆死があり、生き残ったが故の一人だけの苦悩がここにあるのではないか。

「鼻から口にかけて大怪我をした二歳の娘は、ものを食べると口が裂け、かぼそい声で『あーちゃん、あーちゃん』と私を呼んでいましたが、十月三日、消え入るように死んでしまいました。続いて五歳の娘も高い熱を出し、血便が出て、髪の毛が抜け丸坊主になって十月十八日に死にました。

燃え残りの木を集めて娘を焼きました。お棺もないので、手や足がそのまま見える娘を、母親の私が、この手で焼きました」

（『忘れえぬ〈あの日〉が怒りとなって』原水爆禁止東京協議会、一九九三年）

助かったと思った幼い二人の愛娘が、得体もわからない原爆症で続いて死んでいき、手足の見えるまま荼毘《だび》に付さねばならなかった母親の悲しみと苦しみ、その怒りは、いったいどのように人に伝わっていくのだろうか。

類型化のできない独自で個別の問題である。しかし、不当にわが子を殺された母の思いが伝わるとすれば、それは普遍的な典型でもある。もちろん数に入れて一括できるものではない。

※死者の名前

慟哭　11

大平　数子

しょうじょう
やすしよう
しょうじょう
やすしよう
しようじよおう
やすしよおう
しょうじいよおう

やすしいよおう
しょうじぃ
しょうじぃ
しょうじぃぃ
（註　しょうじ（昇二）—次男　やすし（泰）—長男）
『日本の原爆文学』第13巻「詩歌」（ほるぷ出版、一九八三年）による

被爆死した子の名を、ひたすら呼びつづける母、言葉にならない万感の思いがせまってくる。

人間一人ひとりに、名まえがあり、顔があり、生活がある。死者の名を呼ぶことで、その顔を浮かべ、共にすごした日常をよみがえらせるのである。

沖縄、摩文仁の丘の「平和の礎《いしじ》」に刻まれた名まえの文字を、指でなぞりながら泣き伏す老婆の姿もテレビ画像で視たことがある。夫なのか、わが子なのか、その解説はなかったが、手触りで生前の死者と対面しているのが、視てとれる。

※名まえを叫ばせた教師

「ガラスの破片が突きささった息子を抱いて、夢中で三滝の河原に逃げてきたときでした。小学校一、二年生ぐらいの子どもたちが、二人の先生につれられて、私のすぐそばまで来ると、全員がばたばたと倒れてしまいました。先生も子どもたちも、ぼろ布をまとったように皮膚がちぎれています。女の子十人ばかりでしょうか。

倒れた子たちは、口々に先生をよびます。一人の先生が、起き上がろうとしますが、立つ気力もなく、倒れている子たちの間を這いながら、あえぐように声を出します。

『……もうすぐ、お父さんやお母さんが、迎えにきてくれてじゃけえね……でも、みんなの顔は火傷ではっきりわからないから……自分の名まえを、大きな声で言いなさい……大きな声でね。……わかったわね』

先生はそのまま、のめり込むように倒れてしまいました。

この日、広島の人たちは、みんな、自分のいた場所に爆弾が落ちたと思っていました。たった一発の原爆で広島が壊滅したなんて思うはずもありません。

息も絶えだえの子たちが、先生に言われたように自分の名まえを叫び始めました。

『おかあーさん、田中良子よ!』

『鈴木光子、光子はここよ！』
『池田ヤスエのとこへ、来てえ！』
河原に夕闇がせまる頃、先生も子どもたちも、一人残らず死んでいきました。そして、家から迎えにくる人もいませんでした。」

（真実井房子「八月六日・私の慙愧」『平和教育』34号、日平研、一九八九年）

爆弾は学校に落ちた。父母は、きっと子どもたちを探しに来るはず、名まえを叫ばせればわが子を見つけるはず、教師のとっさの判断と指導である。名まえを叫ぶときの子たちも、父母の顔を思い出していたに違いない。名を告げるとは、自己存在の認知を他者に求めることである。

ナチの収容所に入れられたユダヤ人は、登録番号を腕に入れ墨され、決して名まえを呼ばれることがなかったという。

戦後になってもソ連に抑留され続け、過酷な労役で亡くなった日本人の墓標が、今も囚人番号を記されているだけだという。

〈無名戦士の墓〉などというものが、あっていいのだろうか。名まえを奪われ、番号や員数に置き換えられることは、人間としての存在も人格も奪われることを意味する。

※俗名だけの墓

広島の三滝山や寺町寺院の墓地を訪ねると、多くの原爆死者の名が俗名のまま墓石に刻まれていることに気づく。

原爆死
母　ヒサ　本宅にて即死
二女　友子　西署にて即死
五男　国隆　避難后　死
四男　幸由　切串山崎病院にて死
妹　貞子　仝
妻　ムメ　仝
弟　又三郎　爆弾症にて緑井今井病院にて死

昔から広島は、浄土真宗門徒の多い地である。普通の死者の場合は本願寺に何がしかの礼金を納め、法名（戒名）をつけてもらい、それを墓石に刻んできた。しかし、原爆死者の場合は、この墓碑のように俗名だけのものが多い。家を焼かれ、家族を直爆死や原爆症でつぎつぎに失った遺族にとって法名や墓どころではなかった。この墓などはていねいなものである。

墓の中身は空っぽじゃ
夫も息子も帰ってこんじゃった
探し歩いた私や娘まで
原爆症で寝込んでしもうた

夫と息子は
生きとるのか死んどるのか?
分からん者の葬式は出せんのじゃ
しとうもない。
墓の中身は空っぽじゃ

〈日本被団協制作『原爆と人間展』パネル〈『原爆に夫を奪われて』〈岩波新書〉より〉〉

死体も遺品も見つからない行方不明のままでは、法名はもちろん葬儀さえできないでいる。生き残った者も供養が終えられないし、死者も成仏できないままである。

※心の中に生きる死者

被爆者が会合を開くと、必ずのように死者への黙祷から始める。少人数で司会者が躊躇することもあるが、結局はその合図をしてしまう。そうしないと気持ちが納まらないのである。三十秒程度の短い時間だが、死者の名を心でなぞり、断末魔の叫びを思い起こすのである。そして、死者と対話する言葉を探すが、これだけがいつも定まらない。生き残った自分の、死者への負い目がそうさせるのである。

「私たち生き残った者が、あの世へ行ったとき、あの日亡くなった人たちと、どんな会話をしたらいいのよ。あんたら、生きとるときに、何しとったんね。五十年以上もたつというのに、原爆は無くなっとらんじゃあないね。こう言われたらどうするの?」

（被爆者で作家だった山口勇子さんの生前の言葉）

〈人間だけは、死んでも人の心の中に生きることができる。この世からいなくなるときが人間の死ではない。忘れられたときが人間の真の死である〉という。

ナチ収容所の次の場面の記録も思い起こす。

死に向かう列に入れられた兄と別れるのはいやだと、同行の決意をする弟に、兄は、「お前は残れ！　もし、お前が生きてここを出られたら、一人の兄が、このように死んでいったことを、周囲の人びとに伝えてほしい。お前まで死んだら、二人ともこの世にいなかったことになる」と強く拒否をする。

人間だけが、先人の生き方を記録し、その心を引継いでいくことができるのである。

〈ヒロシマ・ナガサキが忘れ去られたとき、再びヒロシマ・ナガサキは繰り返される〉だとすると、原爆による一人ひとりの死者を、今も人びとの心の中に生かし続けねばならない。

※国は死者に個別の弔慰を

被爆五十周年を目前にした一九九四年の暮れ、政府はやっと重い腰をあげ「原爆被爆者援護に関する法律」を制定した。

しかし、被爆者の強い要求であった非核の誓いも、国家補償に基づく死没者一人ひとりへの個別補償も、かたくなに拒否をする。

「国は、広島市及び長崎市に投下された原子爆弾による死没者の尊い犠牲を銘記し……」（第五章四十一条）と述べているが、具体的には広島・長崎両市に〈原爆死没者慰霊祈念館〉を建設する事業で逃げた。犠牲者への個別の補償が建物に変わったのである。この祈念館に対しても被爆者は、館内に死没者の全氏名を銘記せよと要求しつづけているが、政府はそれだけの壁面がないと言を左右にしている。

一括ひっくるめての慰霊では、死者一人の死の重みも見えてこないし、死者も人の心のなかに生きることができない。

(4)　人間の破壊こそ原爆被害

たしか一九六〇年代後半だったと記憶している。某新聞社主催の「原爆展」が東京の銀座で開催されたことがある。

東京に住む広島・長崎の被爆者の関心も強く、かなりの人が観覧に出かけた。そのうちの何人かは、当時、新橋にあった被爆者の会の事務所に立ち寄り、感想を述べて帰った。

期せずして共通したつぶやきが、「原爆は、あんなもんじゃないよ」だった。

被爆後間もなくの広島・長崎を学術調査団と共に撮影した日本映画社のフィルムがアメリカに没収され、六七年に日本へ返還された時、文部省は『人体・医療編』は「被害者のプライバシーにふれるから」と言って公開を渋り、『物理編』『建築編』『生物編』のみを最初に放映した。その時も、被爆者は「原爆被害は、これとは違う！」と叫んだ。

被爆者にとって、何がいったい違うのか。

※つぶされたスミソニアン原爆展

アメリカのスミソニアン国立航空宇宙博物館が第二次大戦終結五〇周年を記念して企画した「原爆展」が、退役軍人、とりわけ空軍関係者から、猛烈な抗議を受け、事実上中止に追い込まれたいきさつは、まだ多くの人の記憶に残っていることである。

当初、博物館が企画した第四部『爆心地』での展示予定は、「爆発の瞬間を示したまま焼けた腕時計」「被爆時に着ていた幼児の衣服」「片方だけの下駄」「学童の制服やベルト」「高熱で溶けた硬貨やビン」「半分壊れた仏像」「キリスト教徒の溶けたロザリオ」、遺体は見つからなかったが女学生の持っていた「中身ごと焼け焦げた弁当箱」や「水筒」――などの実物。

「ひどい火傷の弟を背負って立つ兄」「沈黙したまま地面に横たわる女学生」「息も絶えだ

えにベッドに横たわる男の虚ろな視線」「高熱で着物の模様が肌に焼き付いた婦人」「広島で破壊された神社の鳥居」「長崎の浦上天主堂の首がもげた銅像」——などの写真であった。

これらは、マーティン・ハーウイット館長自身が、広島・長崎両市の原爆資料館を訪れ、検討したものである。

退役軍人側の抗議は、「あまりに生々しく、観覧者の感情に訴えようとしている」「ああいう写真は醜い、だから撤去すべきだ」「民間人の被害が多すぎるのではないか」「どうして女性、子ども、そして、宗教的な物がこれほど強調されるのか理解できない」と、全面的な削除を求めたのである。

この抗議は、「原爆投下は、戦争を早期におわらせ、日米両国の多くの人命を救済した」というアメリカ国民の原爆神話にも支えられ、マスコミからの批判、さらには国会の政治問題にまで発展していく。

一九九四年九月二十二日、上院議院では「第二次大戦におけるエノラ・ゲイは、戦争を慈悲深く終わらせ、アメリカ人と日本人の命を救うことに寄与するという記念すべき役割を果たした。航空宇宙博物館の現在の企画は、修正主義であり、第二次大戦の退役軍人に対し挑発的である……」と決議する。

何度かの展示変更の過程で、最後は「広島・長崎の破壊を示す航空写真」「市街地の瓦礫の風景」「熱線で溶けた瓦やビン」のみが許容されることになる。これは、原爆を落とした者の〈きのこ雲〉の上からの視点であり、原爆の物理的破壊の凄さだけを見せるもので、雲の下で、おびただしく殺され、うちひしがれた被爆者一人ひとりの顔は消されたのである。

こうした政治的な動きは、「歴史的文書・資料を削除する知的類廃である」と、知識人や歴史学者の署名運動も始まったが、館長は遂に辞任に追い込まれ、「原爆展」は「エノラ・ゲイ展」へと変わってしまうのである。歴史学者の運動の中心となったバートン・バーンスティン氏は、この変質ぶりを次のように述べている。

「原爆を投下したエノラ・ゲイ号B29だけが辺りを威圧するかのように展示され、原爆投下に何らの疑問も抱かせず、観る人を鼓舞する」

※きのこ雲の上から

つぶされたスミソニアン原爆展の経緯を知らされたとき、被爆者は、原爆に対する人間の認識が、こうも違うものなのかと驚かされ、いらだちも覚えた。しかし、少し冷静になって見つめると、だからこそという大事な逆の教訓に気付くこともできた。

まず、原爆を投下した者の認識は、どうなのか。

広島・長崎どちらの原爆投下にも、機長として指揮したスウィニー少佐は、次のように述べている。

「前方に相生橋がはっきりと見えた……突然、空が白く、太陽よりもまぶしく輝いた……下を見ると、沸き上がる汚れた茶色い雲が、水平に都市に覆いかぶさっていた。そこから、垂直な雲が現れたが、虹の七色すべて、いやもっとたくさんの色を見せていた。その色彩は鮮やかで—言葉では表せない—とにかく、初めて見る光景だった。みるみるうちに都市全体を覆い始めた煙の広がりの隙間から、炎が次々に立ち上がるのが見えた。垂直な雲は急速に上昇していた……

そのてっぺんには巨大な白いキノコ雲が形成されていった。エノラ・ゲイの機上では……バーソンズ大佐が、暗号電文をテニアンのファレル将軍に送信するようネルソンに手渡した。〈みごと命中。あらゆる点で大成功。目に見える効果はアラモゴードよりも大。爆弾投下後、機内は異常なし。基地へ向かう〉（チャールズ・W・スウィニー『私はヒロシマ・ナガサキに原爆を投下した』原書房、二〇〇〇年）

あくまで、きのこ雲の上からの視点である。

上空で鋭い閃光は感じても、地上で多くの人間が、高熱線に焼かれ、焦がされ、爆風によって吹き飛ばされ、叩きつけられている光景は、想像すらもしない。

むしろ、原爆攻撃大成功の満足感だけである。

事実、基地では殊勲十字章授与も待っていたのである。

原爆を、落とした〈加害〉の側と、落とされた〈被害〉側の認識は、こうも異なるのである。

このことは、その後のアメリカの世界戦略、核抑止論にたつ軍事政策とも重なる。核抑止論とは何か。「核兵器があると、戦争を起こしにくい」「核兵器は戦争を抑止する」というのである。抑止する核兵器であるためには、核兵器の恐ろしい破壊力を誇示し、他国を威嚇、恫喝しなければならない。

しかし、核兵器による無惨で深刻な人間破壊が知らされると、核兵器廃絶の国際世論が沸き起こり抑止政策はとれなくなる。

そこで、「都市、建築物などの物理的破壊のすさまじさ」は見せても、「子ども、女性など、罪のない非戦闘員の大量虐殺」「人間の未来まで、内部から破壊する放射線の深刻な影響」などはできるだけ隠蔽、矮小化する政策もとらなければならない。この二面性は、明らかに核抑止政策の矛盾であり、破綻の論理でもある。

「核兵器によって世界の平和が保たれる」といい、しかも「核兵器は、米、ロ、英、仏、中の国だけが持ち、他の国は持ってはならない」(核不拡散条約)というのである。「少数の者だけが銃を持っていれば、争いが起きなくて仲良くなれる」とは、子どもにも判るおかしな理屈である。

現実はどうか。あいも変わらずテロ事件が起き、紛争も戦争も続いているではないか。日本政府も、国の安全を核抑止政策に託している。「核兵器威嚇の傘の下で、日本の安全を保障する」とは、「破滅を担保にした安全保障」と言わなければならない。

※雲の下の人間破壊

「この写真をご覧ください。

爆心地付近で焼死した少年の黒焦げの死体です。

この子たちに何の罪があるのでしょうか。この子たちが銃を持って敵に立ち向かったとでもいうのでしょうか。

すべての核保有国の指導者は、この写真を見るべきであります。

核兵器のもたらす現実を直視すべきであります。

そして、あの日の、この子らの前で起きたことを知って欲しいのです。

この子らの無言の叫びを感じて欲しいのです。」

（一九九五年十一月七日、国際司法裁判所の法廷で　伊藤一長・長崎市長の証言）

原爆は、国際法に規定されている軍事施設や戦闘員への攻撃ではなく、都市そのものの破壊であり、二十余万にのぼる死者の六五％は非戦闘員の殺戮だったのである。

この少年と同じように、何万という子どもや女性が誰にも看取られないで無残な姿で最後を遂げたのである。

日本被団協の『原爆被害者の基本要求』でも述べているように「原爆は、人間として死ぬことも許さなかった」のが現実である。

「一生病臥の生活です」

「働こうにも人並みに働けない。人からは怠け者と言われるが、こんな体にしたのは誰なのか」

（日本被団協『死と生の証言』）

原爆による後遺症は人の〈からだ〉〈くらし〉の一生をも破壊し続ける。

「被爆後二年目に生まれた長男が六歳の時、全身に血の斑点が出て死んでしまいました。夫は『お前が被爆したせいだ。被爆者だと知っていたら、結婚なんかしなかった』と言いました。

それから、夫は外に女の人をつくり、私はしょっちゅう暴力をふるわれるようになりました」

（東京原水協『忘れ得ぬ〈あの日〉が怒りとなって』）

「妹は、高校を卒業して三カ月たったある晩、とつぜんいなくなった。ひと晩中探したが、見つからなかった。

朝になって〈若い娘が列車にとび込み自殺をした〉と聞いて、まさかと思いながら現場に行った。見覚えのある雨傘と下駄が踏み切りの脇にきちんとそろえて置いてあるのが目に入った。

わたしは泣き叫ぶほか、どうすることもできなかった。

こうして、姉妹五人のなかで、最後に残っていた妹も、原爆によって殺され、わたしは一人になってしまった」（『死と生の証言』）

被爆者の四人に一人は、原爆の、苦しみに耐えられず、「死んだ方がましだ」「死んでいた方がよかった」と思ったことがある、あるいは「今も思っている」と調査に答えている。

原爆は、生き残った者の〈こころ〉にも深い傷を負わせ、家庭崩壊、差別、自殺などの人間破壊をもたらしたのである。

前記『基本要求』には、「原爆は、人間らしく生きることも、人間らしく死ぬことも許さなかった」とも述べている。

被爆者の死にざま、生きざま、そのままが、原爆の非人道性を鋭く告発しているのである。

※文化・道義の破壊まで

スミソニアン原爆展企画に対する退役軍人らの抗議のなかで、いま一つ「宗教的聖像や施設の破壊」に、嫌悪とも言える反発がある。わたしたち一般の日本人の感覚では、逆に予想できなかったことである。宗教が社会生活に影響をもつアメリカ人との差でもあるのだろうか。

最近、次のような新聞記事を見つけた。

「被爆マリア祈り新た」「世界遺産の声あがる」(二〇〇一年一二月七日・朝日夕刊)

長崎は、徳川幕府の初めから明治政府になってもキリシタンへの迫害が続いた。そして、日本敗戦の寸前、キリスト教の国の原爆によって、教会や聖像が破壊され、またもキリスト教信者八五〇〇人が殺されたのである。

信者のなかには、信仰に迷う人も出てきたという。

焦土のなかで、真っ黒に焼け焦げた聖母マリア像を探し出した野口神父は、その時の様子を次のように語っている。

「……辺り一面大きなガレキの山で、どこから入ってよいのかまったく見当がつきません……しばらく黙祷していました。目を開いて目前を見ますと、真っ黒に焼け焦げた聖母の御顔が、悲しい、なつかしい目付きで私を眺めておられます……」

マリア聖像は、その後神父によって保存され、被爆三〇周年に浦上天主堂に返還されたという。

「被爆マリアは、海外でも知られるようになり、昨年は、原発事故のチェルノブイリにも招かれ、多くの人々が衝撃と感銘を受けた」という。

「被爆マリアを世界遺産にしよう」の署名運動も始まり、推進者の一人は、「反核や平和など言葉によるプロパガンダはいらない。世界でたったひとつ傷ついたマリア像を見れば人びとは祈らざるを得ないのです」と語っている。

国際法は、非戦闘員の殺戮を禁じるとともに、文化施設の破壊も禁じている。しかし、原爆は、人類が長い間かかって創りだしてきた、道義・宗教、そして文化までも破壊したのである。

※被爆の実相と普及の課題

日本原水爆被害者団体協議会（日本被団協）は、ここ数年、全国はもちろん世界各地で『原爆と人間展』の開催をよびかけて運動を展開している。写真だけを中心にした従来の原爆展と違って、被爆者の証言と被爆写真とを組み合わせたパネル四〇枚の展示である。しかも、被爆者自身が企画・編集・作成したもので、筆者もそれにたずさわった一人である。

題名『原爆と人間展』には、被爆者自らの思いと思想がこめられている。証言・写真とも、物の破壊でなく、人間破壊の実相に徹したのである。

前記、伊藤一長・長崎市長の証言と焼け焦げた少年の死体写真も、構成パネルの一枚である。

広島・長崎の出来事よりももっと恐ろしいことが今後起きるとすれば、それは、ヒロシマ・ナガサキの教訓が、世界人類の記憶から忘れられた時である。私たちの日常生活では、核兵器の恐ろしさを実感することがほとんどない。ややもすると核兵器廃絶の要求運動は、理念だけになりやすい。

リアルな原爆被害、〈人間破壊〉の事実と被爆者の体験は、今も変わらぬ原水爆禁止、核兵器廃絶運動の原点である。被爆の実相普及と証言は、〈原爆の非人間性、非人道性〉を告発し〈核兵器は、決して人類と共存できない〉実感を強め、核兵器廃絶の国際世論をつくることではないだろうか。

被爆詩人、峠三吉の詩「にんげんをかえせ」の叫びこそ、ヒロシマ・ナガサキの、被爆者みんなの思想なのである。

(5)　原爆の傷さらしても

母は寝床から、かすれ声をふりしぼって、口ぐせになっていた言葉をくりかえしました
「宏正、口が裂けても原爆に遭ったことは人に言うな」

「ピカのことは、だれにも言うな」

今でも母ちゃんのうめき声と姿が私の心に残っています。

母は、四十二歳で亡くなりました。


一九九八年、東京のO美術館で開催された「原爆と人間展」の会場で、被爆者、金子宏正さんの語った証言の一節である。

なぜ、金子さんの母は、口癖のように原爆（ピカ）に遭ったことを人に言うなとくりかえしたのか？　また、金子さん自身は、母の繰り返した〈破戒〉の禁を、なぜ、みずから破って証言しているのだろうか。

※社会的差別の怖れ

被爆者の苦しみは、原爆のすさまじい熱線と爆風による傷の痛みだけではなかった。外傷もなく生き残った被爆者も、目に見えない放射線に侵されていて、後からばたばたと死んでいった。周りの者が死んでいくのを見て〈次は自分の番なのか〉とおののかねばならなかった。原爆被災間もなくの八月二十四日付け新聞では、

「広島・長崎は今後七十年間、草木はもちろん一切の生物の棲息は不可能であるとアメリカで放送されている」と報じられ、生存被爆者と両市民を恐怖のどん底に陥れたのである。この問題はいつのまにか世間の人びとに「原爆症は他人にも伝染し、遺伝もする」と、非科学的な社会的差別までもつくりだしていったのである。

「原爆のため片足が不自由です。田舎から送られてきたジャガイモをおすそ分けのつもりで近所にお配りしたら、『食べても大丈夫でしょうね』と気味悪がられました。私が原爆の被害者だからです。あふれでてくるくやし涙をどうすることもできませんでした」

「銭湯の人に『悪いけど、もう、うちには来ないでくれませんか。あなたのケロイドがうつるのじゃないかという人がいてね』と断られてしまいました」

「我が家には被爆者の血は入れたくない」と婚約を断られたり、就職はもちろん保険の加

入まで断られた例など、挙げればきりがないくらいである。

「ピカに遭ったことはだれにもいうな」と金子さんの母が言い残したのは、わが子がこうした社会的差別でみじめな思いをすることを怖れたからである。

事実、多くの被爆者は、とりわけ広島・長崎以外の地に住む者は、被爆したことを世間に知られることを怖れて生きてきた。「三度も戸籍を変えて長崎出身を隠した」という証言者もいる。今日でも〈被爆者の会〉の多くは、はがきや封筒に〈被爆者〉の文字を使わないで、「○○友の会」などの通称で発信する配慮を続けている。

※心の苦しみと葛藤

被爆者だと名乗りたくない理由は差別を恐れることだけではない。被爆し生き残った者の心的葛藤もある。

日本原水爆被害者団体協議会の『原爆被害者調査』（一九八五年実施）の記述回答には、つぎのような短いものもいくつかある。

「話せない」

「思い出したくはない」

「書けない」

これも、被爆の苦しみを吐露した証言なのである。

想像を絶するような異形の人間地獄の光景は、思い出すだけでも辛いこと、まして、目の前で肉親が、断末魔の声をあげ殺された姿は、思い出すだけでたまらない。

「大きな棟木で押しつぶされ、『お母ーさん！　熱いよう！』と叫ぶわが子をついに救けることができませんでした。わたしは、子どもを見殺しにしたのです」

「後ろから熱線をあびたために、背中におぶっていたわが子が黒焦げになって死んでしまいました。自分の両腕、両足はこのとおりやけどでケロイドになっていますが、死んだ子のおかげで私は助かってしまいました。わが子の犠牲で母親が生き残るなんて、つらくてつらくて五十年近い今日まで誰にも話せませんでした」

「多くの学友が殺されたというのに、自分は生き残ってしまった。〈私は被爆者です〉などと、どの面《つら》さげて話せよう」

生き残った者の、死者に対する負い目であり、罪の意識なのだ。

できることなら、ほかの人と同じように、原爆とは無関係に明るく戦後の人生を生きたかった。しかし、被爆者にはそれができなかった。〈からだ〉と〈こころ〉のなかに巣喰ってしまった原爆は、消したくても消すことができなかったのである。

※命を断った被爆者たち

隠そうにも隠すことのできなかったのが、顔面や手や指などの火傷の跡であった。特に被爆者の場合は、火傷がもりあがってケロイドになるのである。

その傷あとに被爆者がどんなに苦しんだことか。その体験記は、また数えきれない。

「ひとたび往来に出ると、私は、電柱の蔭に、小路の奥にも、野良犬のしょぼくれた眼にも、私の顔面のケロイドに集中される視線を痛いほど感じた。私は、絶えず神経を緊張させていたので、いつも頭痛がしたり肩が凝ってしまう中学生になっていた」(中山士郎『死の影』南北社、一九六八年)

「体操ができない先生は、『足の皮膚がくっついて動かすことができない』と運動場で、子どもたちに泣いて謝った」

「被爆の惨禍も知らなくなった子どもたちのなかから、顔にケロイドの残る女教師に『オニババだ』といったむごい言葉が投げつけられたりするようになった」(被爆教師・石田明さんの談話記事・中国新聞)

被爆者が生きるためには、隠すことのできない傷のかさぶたを、容赦もなくはがされたのである。こうした苦しみに耐えかねて、どれだけ多くの被爆者がみずからの命を断ったことか。
半生を教科書裁判にうちこみ、昨年暮れ逝去された家永三郎さんは、著作『戦争責任』（岩波書店）に、一九六五年から十五年間にわたる被爆者自殺の新聞見出しを調査、紹介している。

一九六五（昭和四〇）年一月一九日
「母の胎内で負わされた原爆症の重荷　力つき、娘さん自殺苦しい一九年を生きた末に」（読売新聞）
一九六五（昭和四〇）年三月三〇日
「長崎で原爆症患者が自殺」（読売新聞）
一九六九（昭和四四）年七月五日
「被爆者が自殺　後遺症苦に？」（朝日新聞夕刊）
一九七〇（昭和四五）年七月二九日
「被爆老人が服毒自殺」（朝日新聞夕刊）
一九七〇（昭和四五）年七月三〇日
「被爆老人また自殺」（朝日新聞）

一九七〇（昭和四五）年八月四日
「原爆症の女性自殺、悪夢の日前に、転々25年、疲れ果て」（読売夕刊）
一九七二（昭和四七）年七月五日
「長崎の被爆女性自殺」（読売夕刊）
一九七二（昭和四七）年一一月九日
「被爆の老女自殺　広島」（読売新聞）
一九七四（昭和四九）年八月七日
『あの日』の傷消えず　被爆女性が自殺『働く気力を失った』」（朝日新聞）
一九七四（昭和四九）年一二月一四日
「原爆病の老女自殺」（読売新聞）
一九七六（昭和五二）年八月七日
「長崎で被爆者自殺原爆忌目前、病苦の八〇歳」（毎日新聞夕刊）
一九七八（昭和五三）年九月九日
「被爆主婦が焼身自殺」（朝日夕刊）
一九七九（昭和五四）年五月一四日
「被爆主婦、顔のケロイド苦に〔自殺〕」（読売新聞）

一九八〇（昭和五五）年七月二九日
「安らぎは永眠だけか　闘病に冷たい役所　手当申請放置され『原爆の子』35年後の自殺」（朝日新聞）
一九八一（昭和五六）　年七月二九日
「ある母親の自殺　顔のキズ跡重く」（毎日新聞）

被爆の人生に耐えられなかったこともさることながら、原爆被害の非人間性を、死をもって告発し、抗議しているように思えるのは筆者だけだろうか。

※夢中でたたかい生きることで

腕から背中全面にかけて火傷のケロイドになった広島の吉川清さんは、四七年、日本赤十字病院を視察にきた米軍の高官の前で、裸になってケロイドを見せるように病院から言われるが、最初はかたくなに拒否をする。

「いっしゅんのうちに何十万という人を殺し、広島を廃虚と化し、地上に地獄を作り出した当事者たちが、私を見世物にでもしようというのか。生き残ったとはいえこの苦しみと怨みはとうてい言い表すことができない。いやだ。絶対にいやだ」

しかし、副院長の重藤文夫博士に説得され、尊敬している都築正男博士も待っておられるといわれ、〈そうだ。原爆がどんなに残酷なものであったか、それを加害国民である彼らに直接うったえる、これは絶好の機会ではないか〉と思い直す。

「私は、心の中で叫びつづけていた。『この身体をよく見るがよい。これがお前たちの国が投げた原爆で焼かれて生き残った人間の身体じゃ。この身体をもとに返せ。まどうてくれ』（まどうてくれ〈広島方言〉――もとどおりにしてくれ。弁償しろの意。吉川清『原爆一号といわれて』筑摩書房、一九八一年）

「左ほおに一直線の傷跡があった。好きな人を愛することさえあきらめ、好奇心の目に耐えながら、子どもたちに被爆体験を語り続けた……原爆を語る尾形先生の目に、いつも涙がにじんでいたのを教え子たちは知っている」

（『検証ヒロシマ一九四五―一九九五』中国新聞社、一九九五年）

「考えてみれば、広島から意識的に取り組んだ平和教育の出発点は、ケロイドなど原爆にのろわれた被爆教師が、わが身を教材に子どもたちに体験を語ることから始まった」

（前記、石田明さん談話）

長崎の山口仙二さんの第一回原水爆禁止大会直後の場合をみてみよう。

「長野図書館の講堂はあふれんばかりの人。ラジオで中継もされていました。壇上に上がった私は被爆したときの様子、これまでの悲しみと苦しみを話しました。会場もシーンと静まり返っています。私の話に真剣に耳を傾けてくれ、ときにはすすり泣きも聞こえていました。話す側と聞く側が一体となった感じです。私は積もり積もってきたものをようやく多くの人に聞いてもらったと感激し、泣きながら上着を脱いで上半身裸になってケロイドをさらけだしたのです。

それまで、原水禁運動に無縁だった私が、初めて大衆の前で被爆の実相を訴えた。私の運動の出発点がそこにあります……。同（長野）県原爆被害者の会会長前座良明さんは言います。『仙二が長野に火をつけた。長野が仙二を動かした』

（山口仙二聞書『灼かれてもなお』日本被団協、二〇〇二年）

しかし、他方で山口さんの怒った場面もある。五六年の四月、常陸の宮正仁（義宮）が長崎原爆資料館を訪れたとき、事前に長崎県は、火傷で指がくっついた手の模型や、ケロイドが残る山口さんの顔の写真などを展示からはずすように会館に指示を出す。

人によっては見せないという扱いとは、いったい何なのか、みにくいから隠すのか。山口さんは公開質問状を知事宛てに提出するが、はっきりした理由の説明もされなかったという。辛くても被爆者が原爆の傷の醜さをさらすのは、見世物になるためではない。見る人びとに被爆の事実を知らせ、再び繰り返してならない思いを訴えたいからなのである。

※原爆ドームとケロイド

六十年代の半ば、戦後復興のなか被爆建造物がつぎつぎと姿を消していくなか、広島では、原爆ドームが劣化し崩壊の心配が出てきた。その保存をめぐり、議会や市民の間に激論がぶつかる。「醜い」「美観を損なう」「不快な記憶をとどめたくない」という廃止論と「ドームは父の墓」「ドームは自分の姿」「これこそ原爆被害の証人」という保存論である。

被爆者にとっても、それは複雑である。

「あんなもの、早くなくなれと願ったこともある。……しかし、原爆で陳列館は大きな外傷を負い、私も心に傷を負った。今、ドームの姿が自分自身のように見えるのです」

「私は、崩壊寸前の原爆ドームのことを思いだし、不意に、私自身も気がつかないうちに侵食されていて、いつ崩壊するかもしれないと心配になり、寝そびれてしまった……」

ドーム
それは私のケロイド
逃れられない桎梏

壊したいけど
壊されない
世界が崩れるから
（森下弘『ヒロシマの顔』青磁社、一九八三年）

保存運動の源流になったのは、急性白血病で急死する被爆少女の日記からだった。

「広島市民の胸に今もまざまざと記憶されているおそるべき原爆……二十世紀以後は忘れられて記念碑に書かれた文字だけと、あのいたいたしい産業奨励館だけが、いつまでもおそる（べき）原爆を世にうったえてくれるだろうか」

このことを知らされると、これまで消極的だった浜井信三市長も一転、全国に保存募金の運動を呼びかける。その後もふくめて二度の大補修強化工事を行い、九六年には世界文化遺産として登録が認められるまでになる。

「残骸は醜いが、醜いものを象徴してそこに立っているからこそ残すべきなのだ」（ジャン・ポール・サルトル）

「ドームは原爆が投下されたことの証拠として、世界遺産の価値がある。存在していること自体が核への無言の発言だ」（新藤兼人）

「あの日を追体験できるのは広島という場所だ。川があり、建物があり、原爆ドームがある。二十世紀の核兵器の悲惨を考えるもとになる。悲惨の傷跡、悪い条件の中から、人間は生きていく希望、新しい文化を育てていく」（大江健三郎）

原爆ドームが国際的に意義づけられてきたと同じように原爆の傷をさらす被爆者の思想も、世界人類の思想へと発展してほしいものである。

※原爆の傷は人類の傷

「みなさん。わたしのからだを見てください。原爆さえ無かったら、こんな苦しみを味わうことはなかったのです。そのことを国に認めてほしいのです。

みなさん。わたしといっしょにたたかってください」（原水爆禁止世界大会で長崎原爆訴訟の松谷英子さんの訴え）

「死んだら、私の身体を日本大使館の前に置いてほしい。私も恥ずかしいが、外国人だからといって放置した日本政府はもっと笑いものになるだろう」

（朝日新聞企画部編『母と子でみる広島・長崎』草土文化、一九八三年）

被爆者は訴える

山口仙二

私の顔や手をよく見てください。
世界の人々と、そして、これから生まれてくる世代の子どもたちに、
私たち被爆者のような核戦争による死と苦しみを、たとえひとりたりとも許してはなりません。
私たち被爆者は訴えます。
いのちあるかぎり
ノーモア　ヒロシマ　ノーモア　ナガサキ
ノーモア　ウォー　ノーモア　ヒバクシャ

（日本被団協制作『原爆と人間展』パネル）

※おわりに

二〇〇三年、被爆者の平均年齢は七〇歳を超える。しかし、核兵器の恐ろしさを訴え核政策の責任を追及するたたかいを終えることはできない。

日本政府は、被爆者の原爆症認定を厳しくするばかりで、原爆被害を矮小化する政策をとりつづける。日本被団協に結集する全国の被爆者は、昨年から一斉に認定申請を行い、却下されれば集団訴訟を起こすたたかいを始めた。ほとんどがガンの患者である。訴訟に加わる

ことを決意した一人は、次のように叫ぶ。

「政府は被爆者の死に絶えるのを待っているのか。私は俎の上の鯉にもなる。政府は被爆者の死にざまを見るがいい」

原爆の傷をさらしてでも、核兵器廃絶の人類的道義を訴える生き方は、冒頭の証言をした金子さんをふくめ多くの被爆者の思想になっているのである。

2　原爆と人間
――被爆者の証言にみる精神的軌跡と思想

(1)　人類が核時代に突入する日

※広島への原爆投下

一九四五年八月六日未明の午前一時半（日本時間）、まだ真夜中のことです。南太平洋マリアナ諸島にテニアン島と呼ぶ島があります。サイパン島の南、グアム島の北に位置します。そのテニアン島のアメリカ空軍基地の北飛行場をひそかに三機のＢ29爆撃機が離陸しました。そのなかの一機のエノラ・ゲイ号は、世界で初めての核兵器リトルボーイとあだ名された、ウラニウム原子爆弾を搭載していました。

三機は、暗い太平洋上を飛び続け、午前五時五分硫黄島の上空で機首を日本に向けます。

実は、このエノラ・ゲイなどの三機が離陸する前に、先にテニアンを飛びたった別の三機がありました。天候観測機です。

午前七時九分、広島放送局は「敵大型機三機、豊後水道を北上中」と報じ、「警戒警報発令」も報じます。しかし、三機のうちの一機だけが広島上空を通過し、県中部を旋回し、間もなく播磨灘の方角へ飛び去り、他の一機は九州の小倉方面に、残りの一機も九州の南部（長崎）の方へ飛び去ったため、七時三十一分には「警戒警報」も解除されます。

ほっと安心した市民は、ふだんの生活に戻ります。ところが、その三機の役割は、古今未曽有の大惨事を招く事前の偵察であったのです。広島上空を通過した一機が、次のような無電をエノラ・ゲイ号に送っていました。

「広島の上空、雲量は全高度を通じて三以下。第一目標、攻撃可能」

つまり、第一目標である広島の空の雲は十分の三以下で快晴であるから、目視攻撃で原爆投下が出来るという意味です。

このころ、エノラ・ゲイは、すでに、四国の東側上空にさしかかっていました。瀬戸内海に入ると、左に旋回し、広島県東部の福山湾に向けてコースをとります。その時刻が午前七時五十分頃。福山市松永町の監視哨が、B29大型機二機が西に進むの見つけ、中国軍管区司令部に通報したのが八時六分、二分後「さらに一機が西へ進行中」と追加の報告もします。警報を発する司令部の通信部に通報が入ったのは、八時十一分。すでにエノラゲイは、備後灘から内陸部に入り三原、西条と西に進み、広島市上空に接近しています。

こんなに切迫している事前の動きは、広島市民だれ一人、露ほどにも感じていません。一人の母親は、庭先で洗濯物を干しています。すぐそばの縁側では、幼い女の子が、人形遊びに夢中になっています。父親は軍需工場へ出勤途中で、満員の路面電車に腰掛けていました。この日、広島市内、全部の中学校と女学校の一・二年生は、市の中心部の建物疎開の作業に動員され、屋外に整列、教師の指示を聞いていました。

八時十三分三十秒、エノラ・ゲイ号の爆撃手フェレビーが、照準機をのぞきこみます。さんさんと降り注ぐ朝日の下で、今、広島市は、むきだしのままはっきりと見えます。当時の日本の防衛体制では、迎え撃つ戦闘機一機も上がって来なければ、一発の高射砲も射ってきませんでした。

広島放送局のアナウンサーが、とつぜん番組を中断し、マイクに向かってあわただしく原稿を読み始めます。「中国軍管区情報! 敵大型機三機が西条の上空を……」

しかし、時すでに遅し! 放送もここまででした。午前八時十五分十七秒。アメリカ軍は、人類史上初の原子爆弾を人間の頭上をめがけて投下しました。

原子爆弾は、狙い違わず広島の街の中心部で炸裂しました。有名な原爆ドームの傍に相生橋という橋があります。三角州で川が二つに分かれるところに架けられたT字形の橋で、全国でも珍しい橋です。しかし、また、空から見下ろす目標として、極めて好都合です。

原爆は相生橋を僅かにはずれ、その南東に位置する島病院の上空、約六〇〇メートルで大爆発を起こしました。大地を引き裂くような鋭い閃光と、耳をつんざく轟音とともに、かつて、人間が体験はもちろん想像すらもできなかった、爆風と熱線と放射線が全市民を襲い、この世の地獄を出現させ、都市そのものをも消滅させせました。

※続いて長崎へ原爆投下

アメリカは、マンハッタン計画にもとづき、一九四五年、三発の原爆を製造しました。七月一六日、アラモゴードの実験場で一発を爆発させ、二発めを広島に投下、最後の三発めは長崎に投下しました。

新型爆弾が広島に落とされたというニュースは八月八日に報じられましたが、被害事実は大したことがないように新聞・ラジオで報じられ、真実は全国に知らされませんでした。それにしても、広島はたいへんなことらしいと、長崎市民も人伝てには、それとなく聞かされていました。しかし、まさか自分たちの街にも投下されるなどとは想像もしていませんでした。

広島への原爆投下から三日目の八月九日、午前二時四十九分（日本時間）、B29爆撃機ボックス・カー号は、ファットマンと呼ばれる原爆（プルトニウム爆弾）を搭載して、テニアン基地を飛びたちました。続いてほかの二機の爆撃機も飛び立ちます。硫黄島へ北進。そこから日本に機首を向け、九州の南の屋久島をめざし七時十五分に到着します。屋久島上空で、他の二機と編隊を組みなおす予定でしたが、観測撮影機がついに現われず、計測搭載機と二機編隊で八時五十分同島上空を出発、九州の東海岸沿いに北上し、広島に続く第二目標であった小倉へ午前十時に到着します。

広島と同じように先に飛来していた気象偵察機から、「小倉は天気良好」との報告を受けていました。しかし、前の晩に隣の八幡市が空襲されたため、その煙が小倉上空を覆い、目標である兵器廠が見えません。ボックス・カーは、爆弾倉を開いたまま、三回も旋回をしますが、ついに目視攻撃ができません。そのうち日本軍の高射砲弾数発が計測機の近くで炸裂し、戦闘機も舞い上がってきたので、遂に小倉の攻撃をあきらめます。そして、第三目標であった長崎に変更します。

ここまでに意外と時間を空費したため飛行燃料も心配になり、いそいで海峡を南に進み、十時三十三分に九州横断を始め、長崎へ直行します。

十一時前、Ｂ29の二機は長崎の東側から市内に進入します。長崎は警戒警報中でしたが空襲警報は発せられず、作業しながら爆音を聞いたり、子どもたちも路上で遊びながら、空を見上げたりしました。

長崎も曇っていました。時間の余裕がありません。操縦士も一回だけ旋回偵察をし帰路に着こうと思ったその瞬間でした。わずかな雲の切れ間に、浦上川地域の三菱グランド（浜口町）から三菱製鋼所（茂里町）一帯が見えたのです。あわてて原爆投下のボタンは押されます。十一時二分、プルトニウム爆弾は、目標地帯から北方五、六百メートルそれて、松山町交差点の東南東（現在の爆心地公園）の上空五〇〇メートルで炸裂し、この世の地獄を現出させました。

ボックス・カーは、屋久島上空で撮影観測機が来なかったために、爆発の衝撃波を逃れてから、ふたたび向きを変え、長崎の被害を点検し、写真を撮るために引き返します。しかし、すでにテニアン基地までの燃料が足りなくなっていた両機は、沖縄の米軍飛行場に緊急着陸をして燃料を補給、やっと、その日の夜、午後九時四十五分、テニアン基地に帰りました。

（参考資料――『私はヒロシマ・ナガサキに原爆を投下した』チャールズ・Ｗ・スウィニー著、黒田剛訳・原書房、二〇〇〇年）

(2) 原爆は、人間に何をもたらしたのか

それでは、第一のテーマである「原爆は（核兵器は）は、人間に何をもたらしたのか」に入ります。まず最初に原爆の人間破壊の事実を、被爆者の証言を引用しながら考え、数的、科学的説明も加えていきます。

※原爆は、人間をどのように破壊したか

① 爆発の閃光・轟音

証言1 「目もくらむような光でした。目の前の何もかもが真っ白になりました」

証言2 「大地をゆるがすような爆発の音を感じたが、よく思い出せない」

証言3 「爆発した音は、記憶していませんが、体が吹き飛んで叩きつけられ、目の前が真っ暗になりました。気がついた時は、建物の下敷きになっていました」

証言4 「月のかさに似た光の輪が、キラキラ光って周辺に虹のようにひろがった。……次の瞬間、その下からものすごい勢いで炎の大火柱が立ち昇り、空中火山の大爆発とで

もいおうか、何と表現していいかわからない光景だった」

（小倉豊文『絶後の記録』中公文庫、一九八二年）

② 火球・きのこ雲

原子爆弾は爆発の瞬間、その中心部では、温度が摂氏数百万度、圧力数十万気圧の火の玉ができました。この火球は一気にふくらみ、一秒後に直径五〇〇メートル近くの大きさとなります。二秒後までに特に強烈な熱線を放射して、高熱のためピンクがかった金属質の輝きが約十秒間続きました。その輝きは、九キロ離れた所でも太陽の一〇倍の明るさだったといいます。

爆発によって衝撃波が急速に広がり、そのあとには真空部分ができ、土やほこり、放射能をおびて気化した爆発物の塵などが吸い込まれて舞い上がっていきました。きのこ雲の始まりです。多くの人が写真で見ている、あの「きのこ」の形をしている雲は、何十キロも離れた所から撮影したものです。その直ぐ下にいた被爆者にとっては、見上げる空全面が荒れ狂う高熱の炎だったのです。「きのこ雲」はぐんぐん盛り上がり一〇分後には一万二千メートルの高さに達します。

この「きのこ雲」の下では、人類が、かつて経験はもちろん、想像さえできなかった悲惨で残酷な光景がくりひろげられました。

③　原爆地獄

生き残った被爆者の多くが「あの日・あの時」を「原爆地獄だった」といいます。ほかに言葉が見つからず、この世の「地獄」としか言いようがないのです。

証言1　「吹き飛ばされた後、どう逃げたのか記憶がはっきりしません。いま覚えているのは赤むくれの肌の下にワカメのような皮膚を垂らして手を前に出し、まるで幽霊のように歩く異様な人びと。目の玉が飛び出して三〇センチほどもぶら下がっている姿でした。あれは、ほんとうに地獄そのものでした」

（東友会・長尾當代）

証言2　「すぐ近くに、とび出した目玉を紫色に光らせた全裸の男が死んでいました。その肌は褐色に変わっており、体はまるまるとふくれあがっていました。まわりには、煙の臭いと死体の臭いが、入り交じってただよっていました」

（『死と生の証言』）

証言3　「人間の内臓が、ボロ布のように電線にひっかかった光景は、地獄そのものでした。

（同）

悲惨残酷のきわみは、阿鼻叫喚を通り越し、しばらくは、恐ろしいほどの静けさが全市内を支配しました。

すさまじい原爆（核兵器）の人間破壊について話を続けますが、話の都合上、物理的人間破壊、つまり、熱線による人間破壊、爆風による人間破壊、放射線による人間破壊、と分けて述べていきます。

しかし、これらが別々に人間を襲ったわけではありません。総合的に一体となって、むしろ相乗的に強められて人間を破壊したのです。

④　熱線による死傷

先に述べた火球の中心温度は摂氏百万度と述べましたが、その直下、つまり爆心地では、太陽の表面温度とほぼ同じ四、五千度に達する熱線が、ほんの瞬間ですが、人びとを襲いました。鉄の溶解温度は一五五〇度ですから、その三倍に近い高熱です。表面が粟粒状になった屋根瓦が後からたくさん見つかっています。

乳飲み子を抱く母親の髪の毛を瞬時に燃え上がらせ、母子ともからだが焼け焦げました。

証言1　「洗濯をしていたお婆さんが、そのまま燃えていました。『助けてくれ』と言っていたが、恐ろしくて傍にもいけませんでした」（『死と生の証言』）

証言2　「市電に乗っていた人びとは、座席に坐ったそのままの姿勢で、炭の人形にかわっていました」（同）

証言3　「お城の石垣によりかかった、自転車の上の真っ黒い塊、まさか人間とは思いませんでした」（同）

証言4　「木の下に、灰になった子どもが立っていた。もう一度その場所に戻ってくると、子どものからだはくずれていた。骨が糸のすじのようになっていた」（同）

爆心近くの、銀行のビルの石段には、腰かけていた人の影が焼き付けられました。硬い花崗岩の表面も熱で変質したのです。現在も広島の原爆資料館に保存・展示してあります。

証言5　「泉邸（広島の名園といわれた縮景園）で、何十羽ものスズメや鳩が、ひ弱な羽と細い脚が焼け溶け、たどんのような炭の固まりになって、ごろごろ転りながら死んでいきました」（東友会・高木留男）

私と同級の学生に、北村昭典君という体格のよい男がいました。彼は爆心から二キロの学生寮のそばの農園で、上半身は裸で落花生の土入れ作業をしていました。爆心方向に背を向けていたために、背中一面の肉が、焼けただれてしまいました。

わたしたちは、彼を、寮から約四キロ南に位置していた学校に運び、柔道場の畳の上に寝かせました。学校は半壊だけで柔道場は焼失をまぬがれていました。

確か二日目だったと思います。彼は虫の息で、「苦しい、頼むから体を起こしてくれ」と訴えるのです。学生の一人が、北村の枕元にいき、首の下に手を入れ、そっと持ち上げようとしました。何気なく見ていた私たちが、あわてて「やめろ！」とどなります。北村君の背中の肉が、畳にくっついて背骨からはがれていくのを見たからです。しかし、死期の近づいていた北村は、痛さも何も感じていなかったようです。それは、ちょうど金網で魚を焼くときに、うっかり箸で裏返すと、半身が骨から離れてしまうのにも似ていました。

人間は熱線によって、焼かれ、燃やされ、骨の髄まで焦がされました。

⑤　爆風による人間の圧死

数十万気圧にも達した爆風は、爆心地では一平方メートル当り三十五トンにも達したと科学者は分析しています。爆心から二キロ以内の建造物をことごとくなぎ倒しました。広島城の天守閣は、一瞬そのまま空中に浮かび上がり、城壁の横に落下して砕けたといいます。当日、建物疎開で市中に動員され、八時十五分、点呼を受けていた多くの中学生たちは十数メートルも吹きとばされ、飛び散ってきた無数のガラスの破片が鋭い刃物になって体中に突きささりました。

証言1　「気がついたら、地面に叩きつけられていました」

証言2　「子どもが空中を飛んでいくのを見ました」（『死と生の証言』）

証言3　「国泰寺中学校のそばの樹木に、中学生くらいだと思う男の子が、爆風に飛ばされ

たのだろう。突き刺さるような格好でぶらさがっていました」（広島・男性）

証言4「長崎の松山町のことですが、屋根のたる木が、お母さんと抱いている子どもを、胸から二人を一つに突き抜けている死体を見ました」（『死と生の証言』）

爆心地では、超音速で広がった爆風のあとにできた一瞬の真空地帯で、眼球がとび出し、腹が破れ、脱糞している死体が数多くみられました。「ちぎれたような、半分首だけあるような、死体だの、手足のもげた死体だの……」

証言5「爆心から二キロの所にあった学生寮で、私の隣の寝台に休んでいた一年生の垣原明君は、閃光の走ったその瞬間『室長さん！』と叫んで、部屋の出口へとび出したと生き残った一年生の報告でした。しかし、彼の死体が掘り出されたのは、まるで反対方向の十数メートルも離れた壁土の下からでした」

彼が叫んだ「室長」とは、実はわたし「田川」のことです。

人間は爆風によって、吹き飛ばされ、叩きつけられ、引き千切られ、突き刺され、圧しつぶされました。

⑥　放射線による後遺症

ほんのわずかな死の狭間をぬけ、かろうじて生き残った被爆者が、あるいは外傷も火傷も負わない元気な被爆者が、あるいは身内の安否をたずね数日後に入市した人びとさえもが、見ることも感じることもできない恐ろしい放射能に犯され原爆症にかかってしまいました。

生き残って元気だった私たち学生も、三、四日目ごろから、ひどい下痢症状にみまわれ、歯茎から血が出るようになり、救出作業でのちょっとしたかすり傷の僅かな血がいつまでも止まらないといった奇妙な症状に見舞われます。血液に異状が起きたわけです。医学的には空気に触れたら血を凝固させる血小板の減少した症状だったのです。

このほかにも、急性症状として、赤血球や白血球の減少、吐き気、頭痛、脱力、下血、血尿、発熱、口腔咽頭部炎症、月経異常などが報告されています。特に、髪の毛が抜けて体中の皮膚に出血斑点が出てくると、医者も手の施しようがありませんでした。

証言1　「鼻から口にかけて大怪我をした二歳の娘は、物を食べると口がさけるので、かぼそい声で、『あーちゃん！　あーちゃん』と私を呼んでいましたが、十月三日、消えるように死んでいきました。

五歳の娘も高い熱が出て、髪の毛が抜け落ち、丸坊主になって、十月十八日に死にました。燃え残りの木を集めて娘を焼きました。お棺がないので、顔や手や足がそのまま見える娘を、母親の私がこの手で焼きました」

（『忘れ得ぬ「あの日」が怒りとなって』田部光子さん）

証言2　「姉と小さな弟を焼く炎の前で、私と母が立ち、傍に小学生の弟もうずくまっていた。けれど、その母も、弟も、その日から十日も生きることができなかった」

（日本被団協『原爆と人間展』パネル）

証言3　「お互い助かったことを喜び合ったのに、母は胸を切り裂いてくれと苦しがり、顔が次第に化け物のようにかわっていき、頭の髪の毛は抜け落ち、全身に小豆ほどの斑点が出てふた目と見られない形相で八月三〇日に死亡した。即死した方がどんなに楽だったかと、辛い思いだった」

（『死と生の証言』）

急性原爆症に罹った約六割の人は、八月末までに死んだとも言われます。

生き残っている被爆者も、自分のまわりの人が、次つぎに死んでいくのを見つめながら、こんどは自分の番ではないかと〈死の恐怖〉におそわれます。しかも、その恐怖に襲われながら、その年の十二月末までに、ばたばたと死んでいったのです。

急性症状をやっと切り抜けたかとほっとしたら、火傷の痕が盛り上がるケロイド、貧血、白血病、白内障、その他、造血機能の障害がみられるようになりました。

広島平和公園に、小・中学生の建てた「原爆の子の像」がありますが、そのきっかけも、元気だった被爆の少女、佐々木禎子が十年たって、とつぜん白血病となり死んでいった実話からです。

しかも深刻だったのは、被爆者本人だけでなく、昭和三十年代の一時期は、被爆者の子どもの一部に、小頭症、白血病などの症状が続いて出てきたこともありました。すべての被爆者がそうなると思われては、逆に社会的な差別も生むので困ります。健康に育っている被爆者の子どもの方が、はるかに多いことも付け加えておきます。

しかし、五十年以上経た現在でも、被爆者は一般の人よりガンや肝臓の障害が多く、それが原因で亡くなる人が多いことも事実です。

人間は、恐ろしい放射能によって、体のなかの細胞をこわされ、むしばまれ、継続的に、子や孫の命、人生の未来まで破壊されました。人類は新たな科学兵器を造り出すことによって、みずからの生存をもおびやかす、新たな病気、原爆病をもつくり出したのです。

⑦　黒い雨

広島でも、長崎でも、とつぜんの大爆発で、上空の気象にも異変を起こします。すさまじい熱気の上昇気流に放射線をおびた黒い塵がまじり、それが、油っぽい粘りっ気のある黒い雨となって再び人びとに降りそそぎました。

当時三十歳だったわたしの従兄は、白島町の銀行に勤務していました。彼は、銀行のビルの地下にいたため、かすり傷一つ負わずに投下後すぐに市中を抜けて郊外二十キロにある自分の家に逃げ帰りました。それっきり広島に出かけてもいませんし、村人からも「運がよかったですね」と祝福されたのに、数日後から発熱、脱毛、出血斑点をみて、一ヵ月後の九月二日に、結婚間もない若妻と生まれたばかりの赤ん坊を残して死んでしまいました。当時は、村の医師も死んだ病名がわからず付けられなかったといいます。

後で判ることですが、広島の西北から北方にかけて約一時間程、「黒い雨」が降りました。炎の街から郊外に逃げる被災者たちは、「黒い雨」にうたれ、それが混じった川につかり、渇いた喉をいやすため「黒い雨」の入った水槽や川の水も飲みました。従兄も丁度、その時間、その場所を雨に打たれ続け走っていたのです。

「原爆は、人間が人間として、人間の尊厳をもって死ぬことも許しませんでした」

（日本被団協『原爆被害者の基本要求』一九八四年）

※原爆は、人間をどのように苦しめたか

原爆は、人間の肉体を物理的に破壊しただけではありません。人間が本来持っている人間らしい感情、精神、道義心すらも壊し、傷つけ、苦しめました。

①「人類破滅の日」の実感と予感

広島市の東の郊外、海田市に動員されていた私たち師範予科生の一団は、市内から逃げる被災者の流れに逆らうように、皆実町の学生寮に向かって走りました。

このとき見た光景は、かつて、自分が想像もできなかった、むごたらしいものでした。全身が火傷でただれ、ぼろっきれのような皮膚を垂らし、幽霊のようにふらふらと黙って歩く人びと、何かにつまずくと、ばたりと倒れ、ふたたび起き上がろうとしません。一人の女学生は、下半身の黒っぽいもんぺが燃えて火傷の半裸体で泣く泣く逃げていきました。

十六歳の少年だった私は、あまりの異様さに、いきなり頭をなぐられた感じで、通常の感覚や感情が一気に麻痺してしまいました。ただ脈絡もなく「地球最後の日」という言葉を心にうかべていました。

証言1　「世界の終わるとき起こるという、あの子どものときに読んだ読み物の、地球の崩壊なのかも知れない」　（被爆した作家・大田洋子『屍の街』中央公論社、一九四八年）

証言2　「これが本当にあの広島なのだろうか。私をはぐくんでくれた水と緑の美しい町は、一発の原爆で消え失せ虐殺の場と化した。まるで天と地が逆になったようなすさまじさだった。

『地獄だった』とだれもがいうが、私は、『地球最後の日』を見た。あれは間違いなく、全人類が死に絶える時の姿だった」

（被爆者で朝日新聞の記者・中条一雄『私のヒロシマ原爆』朝日新聞社、一九八三年）

後で判ったことですが、私をふくめ、いずれも当時十六・七歳という同年代の少年少女、共通する実感を味わっています。

証言3　「夕暮のとばりが、いつしか土手下から死の荒野にかぶさるように降り始め、遠く西の果て空は光のないどす黒い血の色に塗り込められていた。それは、この世の終わりを告げる絶望的な光景だった。またしても死んでいる自分が、ここに立ちすくんでいると思えて仕方がなかった」

（筆者本人）

被爆者は、半世紀以上も前に、「この世の終わり」「人類破滅の日」「地球最後の日」「ハルマゲドン」を実感し、予感もさせられたのです。

②　人間性の喪失

原爆地獄をさ迷った被爆者たちは、いつしか人間らしい感覚を失っていきました。

私の体験でも、死者に涙したのは、近しかった学友二、三人の死体まででした。圧死した学生や焼死した死体を何体も運び、つぎつぎと茶毘《だび》に付していると、人間も「モノ」に見えてくるのです。そうなってくると、平気で死体をまたいだりします。また、そうならなければ、死体処理の作業などできないのです。

異状の世界のなかで、自分の意識も、怪しくなっていました。死体ばかりの中にいると、自分も生きているのか、死んでいるのか、あいまいになってくるのです。

〈さっきの死体は、自分ではなかったのか？　自分で自分の死体を運んだのではないか？……今、生きていると思っている自分は、実はもう「あの世」の死後の世界をさ迷っている自分ではないのか？〉

信じるものがなくなったのです。

証言1「死の影は、眼の前を横切り立ちかえって通り過ぎる。生きている自分のほかに死んでしまった自分が横にいる」

③　無欲顔貌

「原子爆弾症のひとつに無欲顔貌というのがある。これは原爆症にかかってから出るものではなくて、八月六日からずっとあの顔をしていたと私は思う。痴呆状の無欲顔貌、言わば白痴の顔で、精神状態までも痴呆状の無欲機構になっていることこそは、この度の被害者に現われた特質だった」

（大田洋子『屍の街』）

④　凍りつく心

たしか被爆後四日目だったと思います。私は、教官の許しをえて、爆心から一・四キロにあった伯父一家の安否をたずね、半日以上も焼け跡を探し回りました。けれど家の跡さえ確認できずに夕方になってしまいました。

猿猴川の土手には、出動した軍隊の積み上げた死体の山が、二十メートルおきに続いていました。今晩、眠る東雲町の半壊した校舎に帰るには、そこを通り抜け、南に下らなければなりません。焼け焦げた死体の手や足や胴体、腐乱した頭や顔が、いやでも目にとび込んできます。それをまたぎ越して行かなければならないのです。

死体の山のいくつ目だったでしょうか。足を踏みはずした私は、死体の山へ横倒しになってしまいました。ずるっとした感触と鼻をつく屍臭は、どんなにしても体から剥ぎとれそうもありません。感じてはならないことを感じさせられた恐ろしさに、少年の心は固く凍りついてしまいました。

⑤　狂気

人間は、突然の打撃で通常の感覚と感情を壊されると、狂気の状態にもなります。

証言1　「わが子の首のないのも知らず、狂人のように逃げていく母親」
（NHK広島放送局『原爆の絵』〈NHK出版、二〇〇三年〉の記述）

証言2　「眼球のとび出した重傷の青年将校が、とつぜんに起き上がって軍刀を抜き、『突撃！』と叫んで走った。そのまま崖下に落ちて命を断った」
（東友会・西岡六三氏）

人間は、極限の状態に追い込まれると、人間らしい心を失い人間でなくなります。かつて、一人ひとりは善良な日本の農民が侵略戦争にかり出されると、鬼と化してアジアの人びとを虐殺する加害者となりました。原爆地獄の場合にも、被害者の心に鬼の心が忍び込みました。

⑥　だれにも看取られず

証言1　「夫も息子も帰ってこんじゃった。探し歩いた私や娘まで、原爆症で寝込んでしもうた。夫と息子は生きているのか死んどるのか？　わからん者の葬式は出せんのじゃ。しとうもない。墓に刻んだ名前も俗名のまま、墓の中身は空っぽじゃ」
（日本被団協制作『原爆と人間展』パネル）

わたしの妻の兄も行方不明です。東京の大学から直接広島へ入隊したことは、はっきりしていますが、原爆投下時、市内のどこにいて、どこで死んだか、どんな状態だったかもいっさい判明していません。もちろん遺骨も遺品も届きません。葬式もできませんでした。

日本被団協の原爆被害者調査によると、死没者の四割以上が行方不明、つまり肉親のだれにもみとられず、どこで、どのように、死んだかさえもわからないのです。これは肉親にとってはあきらめることのできない苦しみなのです。

⑦　死者への負い目、罪意識

被爆者は、自分のすぐ傍で吹き飛ばされ、焼き殺された死者の断末魔の姿を忘れることができません。

証言1　「燃えさかる炎がすぐそこまで近づき、倒れた家の下敷きになって、うめいている母親を、ついに救け出すことができませんでした。

『ごめんなさい！お母さん！こんな親不幸を許してください』

私は逃げて行く途中、何度もふり返っては、手を合わせて泣きました。何年たってもどんな所にいても、消すことのできない私の苦しみです」

証言2　「足元の『水をくだされ』の訴えにも、どうしてあげることもできないで、死体をまたいで踏んづけて逃げてしまいました。

生き地獄のなかでは、人間らしい行為、道徳的行為一つもとることができませんでした」

（前出『死と生の証言』）

証言3　「後ろから熱線を浴びたため、背中におぶっていたわが子が黒焦げになって死んでしまった。自分の両腕両足は、このとおり火傷でケロイドになったが、死んだ子のおかげで私が助かってしまった。わが子の犠牲で母親が生き残るなんて辛くて辛くて今日までだれにも話せなかった」

（兵庫県在住の被爆者）

自分がなぜ生き残ったのか、まして人の親であれば、なぜ子どもに代わって死んでやれなかったのかと、思いだせば思い出すほど、死者への負い目と罪の意識に苛まれるのです。

証言4　「そのとき、私はもう人間ではなくなっていました」

（『生と死の証言』）

証言5　「〈鬼の目にも涙〉と言いますが、けれど、私は涙も出ませんでした」

（東友会・真実井房子さん）

辛うじて生き残ったが、その時、自分の心のなかに悪鬼が棲みこんだ。ふたたび核兵器が使用されて地獄が現出すれば、使う側にも使われる側にも、それこそ多くの悪鬼がはびこる世界になってしまうのではないか？

原爆は、核兵器は、人間の心、道義、モラル、文化をも破壊するのです。

⑧　語ること、訴えることもできず（原爆被害の隠蔽、被爆者放置）

敗戦となった日本本土に、アメリカ軍を主に連合軍がいち早く進駐しました。

九月六日、東京での記者会見で、占領軍のファーレル准将（原爆製造マンハッタン計画副責任者）は、

「広島、長崎とも、原爆に遭って死ぬべき者は死んで、九月上旬現在において原爆放射能のために苦しんでいる者は皆無である」

と声明します。八日、調査団と共に広島現地に入り、東京に帰るが、十二日に再び同じ発言を繰り返します。

とんでもない間違った声明です。すでに述べてきたように、この時期こそ被爆現地では、放射能による遅れた死者が次々に続いている真っ最中だったのです。

占領軍は、外国人記者も広島、長崎入りは禁止し取材させませんでした。日本国内はもちろん、国際的にも原爆被害を隠蔽しました。

九月十九日には、報道管制（プレス・コード）を指令します。原爆に関する報道はもちろん、記録、評論、小説、研究論文にいたるまで、検閲をくわえました。現に、「原爆の使用と病院船攻撃は、国際法違反であることは、否定できない」の記事を載せたため、朝日新聞は二日間発刊停止になっています。

広島で被爆した作家、大田洋子は、小説の削除、書き直しを命じられています。被爆者の治療に当たった東大の都築博士の貴重な研究論文発表が禁止され、資料も没収されました。そして、博士は東京大学を追放されました。

長崎でも、永井隆さんの記録『長崎の鐘』の発刊が、日本軍がマニラで行なった残虐行為の文章と抱き合わせの条件で許可されたりしました。

こんな時期ですから、被爆者は、体験を語ることも、苦しみを訴えることもできませんでした。

⑨　人体実験だったのか

報道管制の一方でアメリカはいち早く広島、長崎にＡＢＣＣ（原爆障害調査委員会）を設置し、原爆が人体に及ぼした調査の資料を集め、新たな核戦争準備のために本国に送り続けました。

丘の上にできたスマートな建物を見て、被爆市民は〈さすが金持ちのアメリカ。被爆者の治療をしてくれる病院か〉と期待しました。

証言１「とつぜん、ＡＢＣＣから呼び出しがありました。原爆の後遺症が心配でしたし、治療してもらえると思って出かけました。着ている物を全部脱がされ、全身を検査されましたが、治療は一切してもらえませんでした。

十歳で被爆した近所の娘さんは、体毛の発育状態まで写真に撮られたと泣いていました。私たちは、アメリカのモルモットだったのです」

（『忘れえぬ「あの日」が怒りとなって』友谷幾代さん）

証言2　「被爆者が亡くなると、ＡＢＣＣの所員が、お葬式代を出しますから死体を解剖させてください、とやってきます。

貧しい被爆者のなかには応ずる者も出てきました。死体は、切り刻まれ、放射線の影響を調べるデータが集められたのです」

（原水爆禁止広島市協議会編『加害者への怒り・ＡＢＣＣはなにをしたか』一九六六年）

⑩　放置された被爆者

占領軍が、原爆被害を国際的にも隠蔽したことは、国際赤十字などの、被爆者への医療、救援の道も閉ざしてしまいました。

占領軍と共に、日本政府もまた原爆被害を隠蔽、矮小化して、苦しみ倒れていく被爆者を放置しました。

被爆者の検診を実施する「被爆者医療法」が制定されたのは、原水爆禁止運動の起きた一九五七年、戦後十三年も経ってからでした。その間に、もっとも救済を必要とした被爆者は、つぎつぎと亡くなっていました。

⑪　病気と貧困の悪循環

一時、被爆者や関係者の間に「原爆ぶらぶら病」という言い方が広がったことがあります。放射線の影響でしょう。ひどい倦怠感におそわれる症状なのです。しかし他人から見ると、単なる怠け者にしか見えないのです。

証言1「働こうにも人並に働けない。職場で怠け者と言われるが、こんな体にしたのは誰なのか」

証言2「一生、病臥の生活です」

証言3「家もなく、無一物になり、何一つ楽しいことはなく、生ける屍です」

体が悪いから働けない。働けないから金が無い。金が無いから医者にかかれないし薬も買えない。だから病気も治らないし体も悪い。

病気、失業、貧困そしてまた病気というように、どんどん悪い状態に、悪循環に陥っていくのです。

⑫　社会的差別

政府の被爆者放置は、原爆症に対する非科学的な無理解を助長し、被爆者に対する不当な社会的差別を生み出しました。

証言1 「原爆のため片足が不自由です。田舎からきたじゃがいもをおすそわけのつもりでお配りしたら、『食べても大丈夫でしょうね』と気味悪がられました。

私が原爆の被害者だからです。あふれてくる悔し涙をどうすることもできませんでした」

証言2 「銭湯の人に『悪いけれど、うちに来ないでくれ、あなたのケロイドがうつるんじゃないかと言う人がいてね』と断わられてしまいました」

（神奈川県在住の女性被爆者）

⑬ 家庭の崩壊

証言1 「六歳だった弟は、〈あの日〉から行方不明です。父は、頭の傷にウジがわいて、八月三十日に死にました。たいしたヤケドもケガもしていなかったのに、母も全身が二倍以上にふくれ上がって、九月五日に死にました。私は、家族を全部亡くし、九歳でたった一人になりました」

（『忘れえぬ〈あの日〉が怒りとなって』福田良弌・杉並区・故人）

証言2 「被爆後二年目に生まれた長男が、六歳の時、全身に血の斑点が出て死んでしまいました。

夫は、

『おまえが被爆したせいだ。被爆者だと知っていたら結婚しなかった』

と言いました。

それから、夫は外に女の人をつくり、私はしょっちゅう暴力を振るわれるようになりました」

（『忘れえぬ〈あの日〉が怒りとなって』浜之上マツエ・東京西多摩・故人）

⑭　生きる意欲の喪失

証言1　「夫は出て行ってしまった。三人の子供をかかえて生活はゆき詰まった。失対労働と生活保護に頼りながら、二坪の床にござ二枚と畳一枚敷いただけの住まい。家財は寒さをしのぐ夜具二枚。雨漏りはひどいし、傘もない。生きているだけの生活で、自殺をはかったこともある」

証言2　「妹は、高校を卒業して三ヵ月たったある晩、とつぜんいなくなった。一晩中探したが見つからなかった。
朝になって『若い娘が列車にとび込み自殺した』と聞いて、まさかと思いながら、現場に行った。見覚えのある雨傘と下駄が、踏み切りのわきにきちんと置いてあるのが目に入った。わたしは泣き叫ぶほか、どうすることもできなかった。

　こうして、姉妹五人のなかで最後に残っていた妹も原爆に殺され、わたしは一人になってしまった」

（長崎・下平作江）


原爆は、人間が人間らしく生きることさえ許しませんでした。

※原爆（核兵器）攻撃の本質は何か

広島・長崎への原爆投下と被爆の実相は、今後も起こり得る恐るべき核戦争の特質を示しています。これまでの話をまとめる意味でも、その特質を述べておきます。

①　瞬間的奇襲攻撃

第一は、突然の奇襲攻撃であったことです。

人類史上初めての未知の核兵器により、政治的に意図された奇襲であり、そのために一般民衆は退避する間もなく、日常の生活そのままの姿で殺され傷つきました。

広島・長崎両市とも、原爆投下時は警戒警報をとっていない、つまり市民が安心してふだんの生活をいとなんでいたときだったのです。

核兵器投下のボタンは、なんらの予告もなしに人間の頭上で押されます。今日でも、家族みんながテレビ番組に笑い興じているその瞬間かも知れないし、学生のみなさんが講義を聞いている、この瞬間であるかも知れないのです。

この世の時間が突然に止まったような姿で、即死している死体は数多く見られました。核戦争は先制攻撃で、報復もできないほど相手を殲滅するのがねらいですから、本質的に瞬間的な奇襲攻撃のボタン戦争にならざるを得ません。

② 大量無差別の攻撃

第二は、大量無差別の攻撃であったことです。

原爆は、最初からの目的どおり住民密集地帯の中心部に正確に投下され、赤ん坊、女性、老人をふくむ民衆、非戦闘員を大量に無差別に殺戮しました。死者の数は広島で一四万から一五万、長崎で七万から八万人、五年後までには広島・長崎両市で約三四万人にも上ります。

（一九七七年NGO主催・被爆問題国際シンポジウムの国連報告）

一九八五年に日本被団協が発表した『原爆被害者調査』によると、〈あの日〉の死者の六十五％は、九歳以下の子どもと女性、六〇歳以上の年寄でした。このことは、厚生省の『原子爆弾被爆者実態調査報告』（一九八五年）でも同じ結果がでています。これらの人たちの大半は、叩きつけられ、倒された家の下敷きになり、逃げだすいとまも助けだされるすべもなく、一気に燃え上がった炎に焼き殺されました。

戦争だから、弱い年寄りや女性も、いたいけな幼子までも殺しつくしてしまえという残忍な〈みな殺し〉の意図がはたらいたといわねばなりません。今日の核兵器も、人類を絶滅できるまでに開発されているのですから、その使用は、当然のことながら人類〈みな殺し〉につながる行為になるといわなければなりません。

③　全面的環境根絶の攻撃

第三は、人間が生きていくための環境を、全面的に根絶させる攻撃であったことです。原爆は類例のない破壊力をもって、都市もろとも、自然環境はもちろん社会環境をも全面的に根絶させ、生き残った人間を支える家族、生活、職場、地域、財産、医療、教育、文化のすべての基盤やその機能を総合的に奪い去りました。

「原爆は、都市の人間的機能のすべてを完全に破壊しました。被爆者がもっとも必要とした投下直後の組織的な救済援助活動もほとんどおこなわれませんでした」

（日本被団協『原爆被害者調査』）

日赤病院周辺の死体がみんな、病院の方に頭を向けて死んでいたといいます。病院に行きさえすれば、なんとか手当てをしてもらえる、助けてもらえると、ひたすら病院に向かう途中で事切れた人びとの姿です。ところが、病院に行って十分な治療を受けられたでしょうか。治療をしてくれる多くの医者も看護婦もまた、被爆し、傷つき倒れていたのです。

証言1　「父は、六日間、ケガの手当ても火傷の手当てもしてもらえず、そのうえ食べ物もなく死んでいき、妹も一度も医者がこないで、なにもしてもらえずに死んでいった」

（同『原爆被害者調査』埼玉在住、女性、六五歳）

証言2　「父も母も兄弟も、だれ一人として身寄りも居なくなり、その日から食べ物をあさり、野宿し、着替えもなく盗みをしなければ生きられませんでした。病気を治すことも、学校に行くこともできない乞食の生活でした。心を支えてくれる家族もふるさとも、すべて無くなってしまいました」

生き残った被爆者は、よく、「広島が無くなった」「長崎が無くなった」と言います。それは、広島、長崎という一つの都市そのものが、人間が生きていく上で支え合う地域社会そのものが、すっかり消滅したことを意味します。

核兵器の使用こそ、環境破壊の最大のものと言わざるを得ません。

④　継続的人間破壊の核兵器

第四は、きわめて深刻な継続的な人間破壊の特質です。原爆放射能による後遺症は、生き残った人間の〈からだ、くらし、こころ〉を内部からむしばみ続けています。さらに、子どもや孫の生命までも脅かし続けているのです。

核兵器は、現在の地球人類を脅かしているだけでなく、人類の未来まで持続的に脅かしつづける兵器なのです。過剰殺人（オーバーキル）だけでなく、継続的な緩慢殺人（スローキル）ともいうべき恐るべき兵器なのです。

⑤ 人間否定、人類否定の核攻撃

証言1「母親が子どもを抱いて死んでおり、かかえられた生後七、八ヵ月ぐらいの子どもは元気で母親の乳房をしゃぶっていたが、何もしてやれなかった」

（北海道・男・六十一歳）

核戦争は、人間のきずな、繋がりを突然に断ち切るのです。いや、すぐそばにいる家族でさえ、人間らしい声もかけられず、見殺しにする非人間的な行為をとらされたのです。

原爆によって殺された死のありさまが、およそ人間の死とは考えられないようなむごたらしいものであり、生き残った者をも人間らしく生きることを許さないとすれば、原爆投下を決定し、使用する者こそ、およそ人間とはいえない、悪魔の行為者だと言わざるを得ません。

ヒロシマ・ナガサキからのアピールの言葉にも「核兵器は、決して人類と共存できません」とあります。被爆者も自らの体験から、「決して共存させてはならない」と訴えています。

(3) 人間は、原爆に対して何をしたか

前の節で「原爆は人間に何をもたらしたのか」つまり、核兵器が人間の「からだ」「くらし」は、もちろんのこと人間の「こころ」精神まで破壊したこと、ひいては、人類の築いてきた文化や道義まで破壊することを、被爆者の証言を挙げながら述べてきました。

ここまでで私の論を終えれば、人間は、みずから造り出した科学兵器によって滅びていくのか？　人類破滅の道をたどるだけなのか？　「地球最後の日」を迎えるだけなのか？　という結論になりかねません。被爆者自身も惨めで悲しく暗い希望のない人生を歩んだだけなのかということになってしまいます。それでなくても、現代社会は、現実にオウムの事件のように、「世紀末観」に取り憑かれる人たちがいることも核時代の反映かも知れません。しかし、戦後の歴史の事実も、被爆者の精神的な軌跡も、そうではありませんでした。

次の「人間は原爆に対して何をしたか」の主題・テーマに入ります。

※被爆者の精神的葛藤と人間回復のたたかい

生き残った被爆者は、戦後もからだと、くらしと、こころの中に原爆をかかえて、悲しみ、苦しみ、怒りにふるえて生きなければならなかったことは、すでに述べてきました。しかし、それは、人にも洩らしがたい精神的、内面的な葛藤でした。

① 思い出したくない、忘れたい

ここで、きわめて短い被爆者の証言を紹介しましょう。

証言1「思い出したくない」（『死と生の証言』）

これだけです。もっと短いものがあります。

証言2「書けない」（同）

このひと言です。つぎのような、ものもあります。

証言3「三度、本籍を変えて、長崎出身であることを隠してきました」（千葉県・原爆被害者の会）

自分が被爆したと世間にわかると、就職も結婚も破談になるという社会的な差別も少なくありませんでした。だから、思い出したくない。忘れたい。話したくない。書きたくもない。

被爆したことは隠してしまいたいとなるのです。できることなら他の人のように原爆と一切無関係に明るく生きていきたい。自分が被爆したことさえも否定したいとまで思ったのです。人生の一時期、酒に溺れ荒れた生活を過ごした被爆者も少なくありませんでした。

②　対峙してたたかうことでしか

しかし、放射線を浴び体と心に巣くってしまった原爆からは、逃げることも忘れることもできない。そうだとすれば、開き直って、体と心の原爆と向かい合うしか、生きようがない。「体と心のなかの原爆」とたたかうことでしか生きようがなかったのです。

③　死者への責任と使命

被爆者の心から消すことのできない一つは、原爆で殺された人びとのことです。生き残った被爆者というのは、自分のすぐ傍で、父や母、子ども、夫や妻、兄弟、友人の無残な原爆死を体験したわけです。

どうして、自分が殺されないで、身内や親友が殺されなければならなかったのか。こうした心の葛藤を繰り返すうちに、いつしか、自分は死んだ人たちに生かされているのではないか。だったら自分は死者に成り代わって生きなければならない。改めて死んだ人たちへの責任を果たさなければならないというように、転化していくのです。

証言1 「生き残ったことが申し訳なくて、なかなか運動に参加しませんでした。同級生が『仇をとってくれ』と言って死んだと聞いた時から、私は変わりました。

仇をとるとは、核兵器を無くすることだと思います。これは、生き残った私たちの責任であり、使命なのです」 （『忘れえぬ〈あの日〉が怒りとなって』片山昇・日野市）

証言2 「学生寮で、私と机も寝台も隣り合わせていた垣原君は、閃光の瞬間、『室長さん！』と私を呼んで出口へ走ったという。断末魔にもかかわらず、傍にいなかった私を呼んで死んだ彼の思いは何だったのだろうか。とつぜんの死に追いやられる不安と恐ろしさ、いや何よりも、死にたくない生きたい叫びではなかったのか。誠実で優秀な師範生だった。生きていれば、彼も戦後の民主教育をすすめるすぐれた教師になったに違いない。彼のために、私が代わって何かができるとするなら、彼の叫びと願いを、私がもう一度叫びなおし多くの人に伝えることではないのか。戦後、教師となった私は、何度も彼の最後の姿と叫びを思い起し、教壇に立った」 （被爆教師・筆者本人）

④ 人間回復

死者への責任と使命を感じることは、原爆で壊された自分の人間らしさを取り戻し、原爆に負けずに生きようという契機にもなっていきました。少しでも生きる責任、値うち、使命、生き甲斐、そして人間の誇り、尊厳を見つけることでした。

証言1「こんな体の私でも、若い頃はハイヒールをはいてさっそうと街を歩けたらと何度も願いました。そして、ひそかに心を寄せる人がないでもありませんでした。けれど、結婚を考えることはできませんでした」

（長崎原爆訴訟・松谷英子）

証言2「五体満足な元気な子が生まれてくれましてね。あんなにうれしかったことはないですよ。被爆者の親から生まれたこの子には、絶対に戦争の悲惨を味わわせたくないとおもいましてね……。

長崎のあの山で、苦しんでいたおばさんを置き去りにしたが、あの人にも子どもがいたかも知れない。だったら、子どものことが、気がかりだったに違いない。生き残った者こそ再びあのような、地獄をつくり出さぬことが、原爆の生き証人としての使命なんだと心に決めましてね」

（『あの日から生きて生きて』汐文社、一九八六年、永坂　昭の証言）

⑤　原爆だけは絶対に許せない

証言1「一九五一年、大学の夜間部に通っていた私は、お茶の水駅前でストックホルム・

アピール署名（原子兵器禁止署名）を呼びかけている学生の一群に出会った。数人の警官がかけつけて署名を妨害し始めた。

とっさに私はもみ合いの中に飛び込んだ。

『原爆禁止署名がどうしていけないんだ』と叫んでいた。

一群の人たちは、大学の〈平和を守る会〉のメンバーだった。私もすぐ仲間に入れてもらった。

臆病な私が、あの時なぜすぐさまとびこんだのか。やはり、長崎の原爆に遭い、その〝地獄〟を直接目のあたりにしたことが、原爆は絶対に許せない、原爆禁止署名への妨害を見過ごすことはできない、という怒りをかきたてたのではないか。結局ナガサキが私の人生を決めたのである

（吉田一人「ナガサキが私の人生を決めた」日本機関紙協会『機関紙と宣伝』一九九五年十月号）

広島、長崎に続いて原爆使用の危険が追った朝鮮戦争勃発の一九五〇年、広島では八月六日の平和集会が禁止されました。しかし、平和を願う市民は、弾圧にもかかわらず福屋デパート周辺に集まりビラをまく行動をしました。「にんげんをかえせ」の詩で有名な被爆詩人峠三吉は病弱の身にもかかわらず参加し、それをまた詩に書いて発表していきました。

一九五〇年の八月六日

「走りよってくる／走りよってくる／あちらからも／こちらからも／腰の拳銃を押さえた警官が　馳けよってくる」
「八月六日を命日にもつ全ヒロシマの／市民群衆そして警官、／押し合い　怒号／とろうとする平和のビラ／奪われまいとする反戦ビラ／鋭いアピール！」
「一九五〇年八月六日の広島の空を／市民の不安に光を撒き／墓地の沈黙に影を映しながら、平和を愛するあなたの方へ　平和をねがうわたしの方へ
警官をかけよらせながら、／ビラは降る／ビラはふる」

『原爆詩集』序　にんげんをかえせ

ちちをかえせ　ははをかえせ
としよりをかえせ
こどもをかえせ

わたしをかえせ　わたしにつながる

にんげんをかえせ

にんげんの　にんげんのよのあるかぎり
くずれぬへいわを
へいわをかえせ

⑥　原水爆禁止運動と人間性の回復

一九五四年三月一日、南太平洋で操業中だった日本の漁船「第五福竜丸」が、ビキニ環礁におけるアメリカの水爆実験で死の灰をかぶり、乗組員が放射能におかされ、原爆症と同じような症状になりました。そして、無線長の久保山愛吉さんは、遂に亡くなりました。

広島、長崎についで三度も被害を受けた日本の国民は、改めて原水爆の恐ろしさを思い知らされ、これまで押さえられていた怒りを一気に爆発させました。

翌五五年には、最初の「原水爆禁止世界大会」が広島で開催され、参加した被爆者が初めて被爆の苦しみを訴えることができました。参加した被爆者のなかから、期せずして「生きていてよかった」の合い言葉が生まれました。

大会も「被害者が真に救済されるのは、原水爆が禁止されるとき」と意義づけ、被爆者への援護・連帯と原水爆禁止の方針を決めました。単なる、被爆者への同情だけではありません。被爆者も自分たちもふくめ地球人類全体が救済されるのは、核兵器が完全禁止、廃絶されたときだという意味です。

五六年には、長崎での第二回世界大会の開催中に、運動に励まされて全国から参加した被爆者が、みずからの組織である「日本原水爆被害者団体協議会」略称「日本被団協」を結成し、二つの大きな要求である「原水爆禁止」と国家の補償による「被爆者援護法制定」をかかげました。

被爆者が人間らしさを回復して、核兵器廃絶のたたかいと、自らの要求を政治に訴えるようになったのは、実は、被爆国の民衆の力強い原水爆禁止運動によって励まされたからです。

⑦　被爆者の基本的な二大要求

被爆者はみずからの被爆体験から、あんなことは決して繰り返されてはならないと心の底から実感しました。だから、何よりもまず「広島、長崎を繰り返すな」「ふたたび自分たちのような被爆者をつくるな」の要求をかかげます。

被爆者は、原爆を投下したアメリカに謝罪と補償を求めますが、賠償権を放棄した日本の政府の責任もあります。

戦争を開始・遂行し、しかも敗戦を遅らせ、原爆投下を招いた日本政府の戦争責任からも、原爆死没者への弔慰と苦しむ被爆者への償いと保障を求めてきました。

端的に言いますと「核兵器廃絶の実現」と「国家補償に基づく原爆被害者援護法制定」の二大要求です。

⑧「生きていてよかった」生き甲斐

証言1「原爆被害者は、もうわたしだけで、たくさんです。世界のみなさま、原水爆をどうかみんなの力でやめさせてください。

そして、私たちが『生きていてよかった』といえる日が、一日も早く実現できますようにお願いします」（第二回原水爆禁止世界大会・渡辺千恵子）

証言2「原爆孤老の私です。ともすれば原爆の傷を抱えて、薄暗い部屋の中で、ふさぎこんでしまいそうです。

思い出したくもない。忘れよう忘れようとしても思い出してしまう長崎のあの日です。けれど、それでは生きている値打ちがありません。被爆者の運動が私の生き甲斐になっています」（日本被団協『原爆被害者調査』の証言記述より）

証言3「あまり出かけたことのない私が、〈あの日〉に限って家を空け生き残りました。これは、核兵器の恐ろしさをつたえるために、私を残してくださったのだと思います。
私は八十歳になります。去年だけでも国会に十九回、都議会に二十一回、街頭にも四回立ち、いろんな団体や学校で被爆の体験も語ってきました。生きている限り、体の動く限り、『核兵器なくせ』と訴えようと決意しています」

（東京葛飾区・友谷幾代）

証言4　「みなさん、わたしのからだを見てください。
原爆さえ無かったら、こんな苦しみを味わうことはなかったのです。
そのことを国は認めてほしいのです。
みなさん、わたしといっしょにたたかってください」

（長崎原爆訴訟原告・松谷英子）

＊この「原爆と人間」は、一九九一年度からの埼玉大学講師として行なった総合平和講座講義の記録です。（筆者注）

3 「被爆者援護法」制定で露呈した政府の核政策と戦争責任

原爆被害者が四十年以上も要求し続けてきた「被爆者援護法」が、昨年末の臨時国会で審議された。

一一月二九日、被爆者参考人として推薦を受けた筆者は、衆議院厚生委員会に出席して次のように意見陳述した。

意見陳述　衆議院厚生委員会　一九九四年一一月二九日

田川　時彦　参考人

広島で被爆しました田川といいます。現在、東京の被爆者団体の役員を務めております。全国の被爆者が長い間念願してきました被爆者援護法制定につきまして、これまでになく具体的な審議をしていただいていますことに、心から被爆者として期待を申し上げます。

私は、被爆の実相と体験、そして被爆者の実態から、援護法の内容について率直な意見を述べさせていただきます。厳しい言い方をするかと思いますが、あらかじめお許しをいただくようにお断りをしておきます。

※被爆の実相と体験

被爆当時、私は広島師範学校の学生で、一六歳でございました。爆心二キロのところに学生寮がありましたが、同じ部屋で寝台も机も隣り合わせた学生が、閃光の走った瞬間、私の名前を呼んで、爆風で十数メートルも吹き飛ばされ、建物の下敷きになってしまいました。即死でした。三日目の夕刻、壁土の下から掘り出した彼の顔は、腐乱し膨れ上がって見る影もありませんでした。

私は、たまたま別の作業に出かけていたために一命を取りとめました。連日、何人もの死体処理作業にあたりました。炭の人形のようになって焦げている死体、目玉や腸が飛び出している屍、人間らしい感覚を持っていたら作業もできないほどでした。ほんとうにこの世の地獄でした。一六歳の少年の心にも、地球最後の日を実感する思いでした。

私の妻の兄も被爆しましたが、現在まで行方不明のまま遺骨もありません。戦後、葬式をする機会をついに逸してしまいました。三〇歳になる従兄は、爆心一・五キロ、白島町の銀行の地下室で被爆したせいか、傷一つ負いませんでした。ところが、一カ月後に体に紫の斑点が出て、原爆症で若い妻と生まれたばかりの赤ん坊を残して死んでしまいました。

私も軽い急性症状にはかかりましたが、もち直し、戦後間もなく広島の郊外で小学校の教師になりました。受け持った教え子のなかにも、一度に両親を殺された原爆孤児がおりました。

※すべての死没者に国の弔意を

このたびの政府案によりますと、今話してきました何人かの死者の遺族も、原爆孤児本人も被爆者でないために国の弔意はもちろんのこと、「特別葬祭給付金」は届かないことになります。それでよいのでしょうか。身近な親戚の中に何人も原爆死没者を数える遺族と被爆者の間に新たな格差が生まれます。東京の被爆者の方で、「肩身の狭い思いで給付金を受け取るのがたいへん苦しい」とか、これは被爆現地の広島、長崎に行けば、親戚同士に格差が出るわけですから、たいへん複雑な問題になります。すでに、「死者まで差別するのか」という怒りの声も起きております。ぜひとも、全死没者へ国の弔慰金を支給するように改善していただきたいと強く要望いたします。

生き残った被爆者も、親や子、夫や妻、兄弟、近しい身内のむごい死に接しただけに、なぜ自分が生き残ってしまったのか、なぜ代わって死ねなかったのかと、死者へのたまらない思いを抱いて戦後を生きてきました。援護法で死者とその遺族への国の弔意を示し、再び被爆者をつくらないための国の償いと証しを実現していただくことこそ、死者の死を無にしないことだと考えます。

※原爆被害は「受忍」できない

基本懇意見に述べてある戦争犠牲の「受忍」、とりわけ原爆による犠牲の「受忍」を被爆者は決して耐えることができません。いや、「受忍」してはならないことです。「受忍」することは、人類の死活にもかかわる核戦争の被害を認めてしまうことになるからです。たった二発で広島、長崎が都市もろともに破壊され、二〇余万人も殺されるような核兵器は一発たりともこの地球上に存在することを、被爆者は、許すことができません。

人類にとって核兵器廃絶は緊急の課題です。被爆国日本の国会並びに政府こそが率先して国際的なイニシアチブを発揮していくべきだと考えます。私どもが「再び被爆者をつくらぬ」被爆国の証しとして「国家補償の被爆者援護法を」と申し上げてきたのは、その意味でございます。

※国際法違反の原爆投下と国家の補償責任

なぜ国家補償でなければならないかといいますと、原爆被害について国の責任があると考えるからです。

その一つは、国際法に違反するアメリカの原爆投下を追及しないまま、講和条約で原爆被害の賠償権を放棄した国の責任があります。

原爆投下の国際法違反については一九四五年、広島、長崎への原爆投下の直後でございますが、当時の日本政府がスイス政府を通じて国際的な抗議をしております。後にも先にもない立派な抗議だったと私は思います。もちろん戦争中で敵が憎いので強い言葉を使ったとも言えますが、論理的に考えて正しいと思います。

時間がございませんので一部だけ読みますが、「米国は国際法および人道の根本原則を無視して、すでに広範囲にわたり帝国の諸都市に対して無差別爆撃を実施し」、「多数の老幼婦女子を殺傷し」、「本件爆弾を使用するは人類文化に対する新たなる罪悪なり　帝国政府はこゝに自らの名において、かつまた全人類および文明の名において米国政府を糾弾すると共に即時かゝる非人道的兵器の使用を放棄すべきことを厳重に要求す」と、当時の日本政府は抗議しております。

また、一九六三年一二月七日の原爆裁判、東京地裁判決も、明確に非人道性と国際法違反をはっきり述べております。しかも、国際法のハーグ条約その他を挙げながら、非戦闘員の大量無差別攻撃による殺りく、不必要な苦痛を与える攻撃などの項目からも国際法違反だと述べております。

二つ目に、原爆投下は国が開始し遂行した戦争の結果によってもたらされました。したがって、国の戦争責任は免れないと思います。

三つ目に、国は戦後も占領軍と協力して原爆被害を隠ぺいしました。原爆医療法ができるまでの一二年間、被爆者は苦しみながら放置されたまま死んでいったのです。国の行政責任があると思います。

※今も苦しむ被爆者の実態

次に、現在なお苦しみ続けている生存被爆者の実態からも意見を述べたいと思います。

原爆は、人類がかつて経験したことのない傷と苦しみを被爆者に負わせました。原爆は、生き残った人間の「からだ」、「くらし」、「こころ」のなかに入り込み、人間を内部からむしばみ、破壊し続けました。今も多発しているガンによる死、少なくなったとはいえ白血病の被爆者、若年被爆者の早死にの傾向、たとえ原爆症と宣告はされなくても、周りの被爆者が倒れていくのを見て、次は自分かとおののく恐怖と不安、まして子どもや孫への影響まで伝えられますと、だれにも漏らすことのできないたいへんな心の苦しみを抱きます。

病気と収入は相乗的に生活を悪化させます。社会的差別にもあえぎ、家族崩壊までしてきますと、生きる意欲さえ喪失し、自殺する被爆者も跡を絶ちません。

被爆後四九年の今日、高齢化し、とりわけ身寄りもない独り暮らしが多い被爆者の実態も、また深刻です。お手元に資料を配らせていただいておりますが、これは日本被団協の調査の一部と東京の被爆者の事例の一部を載せております。詳しくはご覧いただければいいわけですが、最初の方は統計的資料を幾つか用意しました。最後のページですが、相談活動もしておりますので、東京の被爆者の深刻な事例を、幾つか拾い出しました。

夫の看病のために女性の方が売春にまで身を落とす例、子どもが生まれるのが恐ろしくてとうとう結婚しなかった方、結婚後、夫に被爆者であることを知られ、「子どもが病死したのもおまえが被爆したせいだ、被爆者だと知っていたら結婚なんかしなかった」と言われ、それ以後たいへんな暴力を振るわれ、苦しんで死んでいった女性など、さまざまな例がございます。今ではマスコミはニュースにもしませんが、東京で約九〇〇〇人余の被爆者が在住しており、この二年間に六人が自殺しております。いまだに白血病で苦しむ事例も出ています。高齢化し、独り身の老被爆者が生活も気持ちも苦しい実態にますます落ち込んでいく例、亡くなっても何日も周りの人が死体を見つけてくれないような状態も、東京のど真ん中で起きている事実です。

このように外見だけではわからぬ被爆者の苦しみの実態からも、全被爆者に「被爆者年金」を支給する制度を確立すべきだと思います。

※被爆五〇周年に「生きていてよかった」と思える「援護法」を

以上申し述べてきました私の意見は、すでに参議院で二度も可決されました援護法案の内容に最も近いものとなります。

なお、ここで付け加えさせていただきますが、どの案が決定されましても、広島、長崎で被爆した外国人被爆者、特に韓国、北朝鮮の方が多いと思いますが、その方たちへの適用をぜひ審議し道を開いていただきたい。それは国際的な責務だと思います。

私ども被爆者が要望してきました内容の援護法案につきましては、すでに衆・参両院議員とも三分の二を超える与野党の議員の方がたから賛同署名をいただいてきました。被爆者は、これを公約とも受け取っております。

援護法制定国会請願の署名は一〇〇〇万人を突破しました。地方議会の援護法促進決議は、三分の二どころか、すでに七五％にも達しております。私たちは、国民の皆さんの支持と合意はすでに得たと確信しております。

ぜひとも被爆五〇周年に、苦しんできた被爆者が「生きていてよかった」と思える「援護法」を制定していただくことをこころから期待し、私の参考意見を終わります。

解説・真の被爆者援護法を求めて

衆・参議院の厚生委員会で計七人の参考人陳述があり、被爆地の広島・長崎の公聴会でも、被爆者および関係者の意見が述べられた。政府側の参考人は別として、被爆者は、各政党別の推薦にもかかわらず全員が被爆体験を述べながら国家補償の援護法制定を主張した。

思えば国家補償に基づく援護法制定は、第二回原水爆禁止世界大会（長崎）で日本原水爆被害者団体が結成される以前からの被爆者の要求であった。実に四十年以上にわたるたたかいである。歴代政府のかたくなな拒否にぶつかるたびに、被爆者は何度不可能だと思ったか知れない。その度に死者への思いと誓いを新たにし、要求の旗を絶対に降ろさなかった。それを国の法律としてついに実現させたのである。そのことは、ねばり強く続けた被爆者運動もさることながら、核兵器廃絶と一体のものとして支持してきた原水爆禁止運動の成果であることを見落としてはならない。しかし、制定された「援護法」の内容は、被爆者の怒りを買うほどに矛盾に満ちたものになっているのである。

被爆者の要求は、何よりも「ふたたび被爆者をつくらないとの決意をこめ、原爆被害の国家補償をおこなう」ことであった。つまり、国がふたたび広島・長崎を繰り返さぬという核兵器廃絶と非核の証を示すこと。国が原爆投下をまねいた戦争責任をとり、原爆被害を償うことであった。

村山内閣は、その基本的な要求を拒否したのである。

援護法の前文で、「核兵器の究極的廃絶」を二度も繰り返している。「究極的」は単なる修飾句ではない。核兵器廃絶を事実上棚上げにし、その課題を究極の彼方に押しやる意図なのである。自由民主党は、前から「通常兵器がある限り核抑止力が必要」だとして「究極的」を使ってきた。

昨年夏の広島・長崎の祈念式典では、村山首相まで「究極的廃絶」を繰り返し、本島長崎市長が「聖書に出てくる世の終わりですか、被爆地の者には耐えられない」と抗議した。

広島・長崎の体験から、核兵器廃絶は人類死活にかかわる緊急かつ最も重要な課題であることを、被爆国日本は世界のどの国よりも主張すべきではないのか。

羽田内閣のとき、政府が国際司法裁判所へ「核兵器の威嚇、使用が国際法に違反するとは言えない」と述べた意見書を出そうとして、議員や被爆者や世論の強い抗議であわてて取り消したのは、昨年の六月のことだった。

同じ昨年の十二月、国連総会でインド提案の「核兵器禁止条約案」が採択され、非同盟諸国提案の「核兵器の威嚇、使用の違法性に関して国際司法裁判所に見解を求める」決議がされたが、被爆国日本が棄権したのである。

しかも、あろうことか、提案に反対するフランス案に賛成をし、みずからもアメリカなどの核兵器独占を認める核不拡散条約を支持し「核兵器の究極的廃絶に向けた核軍縮に関する決議案」を提案し採択させたのである。

さらに援護法の前文には、国の戦争責任も国家補償も明記せず、あいまいな「国の責任」という言葉で逃げている。そして、一般戦災者の補償に波及させないために原爆被害を特殊な放射能被害だけに限定し矮小化したのである。

中国新聞の記事によると、この前文は石原官房副長官が自民・社会の対立を調整して書き上げ、加藤自民党政調会長が「労作だ」となる巧妙な文章に練り上げたと報じている。

死者への弔慰金も「特別葬祭給付金」にすりかえ、しかもその支給を被爆者手帳所持の生存被爆者だけに限定した。過去の補償となる戦争責任はあくまでも認めず、現在の補償である社会保障の枠内、生存被爆者対策だけに押し込める意図なのである。まして、ふたたび繰り返さないという未来への保証、非核の政策には触れようともしなかった。

こうした援護法制定と内容との矛盾は、日本政府がアメリカの核脅迫抑止政策に追随し加担する外交姿勢と、侵略戦争の責任や戦後補償を認めようとしない態度を、いみじくも露呈したのである。

十二月九日、援護法が参議院本会議で採決された同じ日、アメリカ郵政公社が「原爆投下が戦争終結を早めた」と記した「原爆きのこ雲」切手の発行を、被爆者をはじめ、日米世論の抗議で取りやめたことが報道された。

しかし一方で、今年の一月三〇日になって、米国立スミソニアン博物館の計画した原爆展が、退役軍人など保守派の圧力によって広島・長崎の被爆資料を展示しないと決定され、事実上中止されてしまった。

広島・長崎への原爆投下以後、アメリカ政府高官は、「原爆投下によって戦争終結が早まり、米軍の日本上陸戦が回避されて多くの人命が救われた」と主張し、原爆投下を正当化し続けてきた。原爆投下は、アメリカの歴史学者もほぼ一致して述べているように、当時の日本の戦力はすでに壊滅し、敗戦は歴然としていて軍事的には不必要であった。

原爆投下の目的の一つは、大戦後のソ連封じ込め戦略も含め、核兵器で世界を威嚇支配しようとねらった外交戦略だった。米・英・ソ首脳のヤルタ会談の密約で、ナチス・ドイツの敗北三カ月後にソ連が対日宣戦をするはずの八月八日以前に、アメリカは急いで日本に決定的打撃を与え、大戦後のソ連に口出しさせない作戦をとったのである。広島・長崎への原爆投下は、今日も続いている冷戦体制開始の出来事だったのである。

目的の二つめは、米エネルギー省も位置付けていたように、開発したばかりの原爆の威力と破壊効果を、実際の都市で実験しようとしたものであった。原爆投下を決定する最高会議は、原爆だけの効果を測るために、あらかじめ広島・長崎などの候補都市には焼夷弾による一般空襲を禁止した。最初から計画的に、都市もろとも非戦闘員を大量に殺し、その威力と影響を調べる人体実験だったのである。

原爆投下の正当化が、その目的の歴史的考察からみて許せないことはもちろんだが、広島・長崎を体験した私たちは、被爆の実相と被爆者の苦しみからも、反人間的で正当化できないことを国際的に訴えなければならない。正当化を許すことは、人類死活にもかかわる核兵器の使用を認めることにもなる。また、被爆の実相と被爆の苦しみを伝え広げることは、思想、信条、立場をこえて核兵器廃絶の世論を広げる力にもなる。

被爆五〇周年を迎えた今、真の被爆者援護法へ改正する運動は、核兵器廃絶と戦争責任追及の国民運動と一体のものであることを、一層明確にしたといえる。

〈第Ⅱ部〉被爆体験から教育へ

1　体と心のなかの原爆とたたかいつづけ
――「人間をかえせ」は人類共通の課題

※原爆地獄と人間破壊

一九四五年八月六日・九日の朝、日常の生活を開始した広島・長崎の両市民は、何らの警告もなしに、突然、目もくらむ鋭い閃光と鼓膜をつんざく爆発音と共に、到底この世のことは思えない地獄の真っただ中に追いやられた。

「洗濯をしていたおばさんが燃えていた。〃助けてえっ〃と言ったが、恐ろしくて傍に行けなかった」

「自転車にくっついたままの真っ黒いかたまり、まさか、それが人間だとは思いませんでした」

「爆風によって、人間の内臓が電線にひっかかっていた光景は、ほんとに地獄絵そのままでした」「父親は頭の方がぐちゃぐちゃになり、耳の穴に、ウジ虫が出入りしていた」「母は、ろくな手当てもできないまま、日に日に胸の苦しみにもだえて、胸を〝切り裂いてくれ〟と叫び、顔が次第に化け物のように変わっていき、頭髪は抜け落ち、全身に小豆ほどの紫斑が出て、ふた目とはみられない形相で八月三十日に死亡した。即死した方がどんなに楽だったか」

（日本被団協『あの日…「ヒロシマ・ナガサキ死と生の証言」より』新日本出版社、一九九五年）

原爆は、人間が人間らしい姿で、人間らしい心のままに死んでいくことを許さなかった。そして、生き残った者からも、人間の心を奪ったのである。

わたしの被爆体験でも、屍体をみて、胸をつまらせ涙したのは、せいぜい身近な学友、垣原や北村たち三、四人までだった。後は、人間としての感覚も感情も麻痺してしまった。屍体をいくつも運んでいるうちに、腐乱しかけた手足の肉がずるっととれるので、針金をぐるぐる巻きつけ、強引にひっぱったりすることも平気になった。川土手に積み上げられた屍体の山に、うっかり倒れかかって、ぬるっとした感触と強い屍臭を今も思い起こすが、一度そんなことがあると、屍体をまたぐことも平気になる。第一、そうしなければ行動もできなかった。人間が物に見え、自分も人間でない鬼の心に変わっていったのである。

こうした被爆者の体験は、長い年月を経ても、たえがたい嫌悪感となって自分を苦しめる。

※体と心に原爆をかかえて

「原爆孤老といわれるようになってしまいました。いまだに、いくつかのガラスの破片を体の中に持っています。自殺することも何度考えたかわかりません」

（同）

体にひそんでいるいくつものガラスの破片が動き、痛くなる度に手術で取り出す。ひきつるケロイドや傷痕は、醜いと人に言われても削り取ることができない。体内に巣喰った放射能は、いつ後遺症となって自分に現れるのか。あの日、親が、わが子が、弟妹が、目の前で焼き殺されるのを見ながら、助けることもできずに自分だけが生き残ってしまった責め苦。死にそこなったとさえ思う被爆者は、体のなか、心のなかに原爆をかかえて戦後を苦しみつづけねばならなかった。そして、今も、その苦しみを終えることができないでいる。できることなら、忌まわしい原爆のことなど忘れたかった。みんなと同じように、被爆者でない普通の人間として明るく生きたかった。しかし、原爆は、体からも心からも消えてくれなかった。被爆者の四人に一人は、原爆の苦しみに耐えられず「死んだ方がましだ」「死んでいた方がよかった」と思ったことがある、あるいは、今も思っていると答えている。

（同）

生きる意欲を喪失し絶望し、みずから命を断つ被爆者も少なくなかった。

「妹が高校を卒業して三か月たったある夜、家に帰ってこないので一晩中探したが見つからない。朝になって〝若い娘が列車に飛び込み自殺をした〟と聞いて、まさかと思いながら現場に行ってみると、見覚えのある雨傘と下駄が踏み切り脇にきちんとそろえてあるのが目に入った。わたしは、泣き叫ぶほかどうすることもできなかった。こうして兄弟五人のなかで生き残っていた妹も原爆のせいで自殺し、わたしは一人になってしまった」（同）

※破壊されなかった人間の尊厳

原爆が人間を無惨に破壊したことも事実だが、同時に被爆の極限状況でも、数は少ないが、人間の尊厳を見せる証言のあることも、わたしたちは見落としてはならない。

子と母か　繋ぐ手の指　離れざる
二ッの死骸　水槽より出ず　　正田篠枝

「……先生は雛鳥をいたわる母鳥のように両脇に教え子を抱かれ、生徒は恐れわななく雛鳥のように先生の脇下に頭を突込んでいます。先生の頭はいつの間にか白髪に変わり何時もの先生よりずっと大きく見えました。……坂本節子」

「……せいがん寺の前の大きな水そうには、もえて来る火から四人の生徒をかばいながら、先生が生徒におおいかぶさるようにして、五人いっしょに死んでおられたそうだ。……藤田真知子」（長田新編『原爆の子』岩波書店、一九五一年）

「地獄のような瞬間にあっても、尚お且つ愛する生徒を救おうとして、遂に斃れた此等の教師達の人間愛・教育愛を吾々は見逃してはならない」（同書序文・長田新）

※人間回復のたたかい

被爆者にとって、生きるということは、体のなか、心のなかの原爆とたたかうことを意味した。原爆を消し去ることも、原爆から逃げることもできないとすれば、それに立ち向かい、それとたたかうことでしか生きようがないのである。それは、原爆によって壊された、自分たちの人間性をとりもどすたたかいでもあった。

「広島の町は全滅だという。

しかし、母は、学校の寮にいたはずの息子が今朝は帰るか、今夕にも戻るかと、仕事も手につかずに待ちつづけた。遠く離れたこの田舎町の小学校にも、連日、トラックでつぎつぎに被爆者が運び込まれてきた。屍体は校庭に、ずらりと並べられる。その中に、もしや息子が――母は一体ずつをのぞきこんで歩いた。たくさんの屍体の中には、あるいはこれが――

息子の体つきに似たものもあるが、黒焦げで腐乱し始め、くずれた屍体では、それ以上に確かめようもなかった。

たまりかねた母は、遂に五日目の朝、幼い二人の子を近所にあずけ、広島に行く鉄道の駅まで、一人とぼとぼと峠道を歩き始めた。

一方、息子の方は、生き残れはしたものの、連日学友たちの死体処理にあたり、屍臭のしみこんだぼろぼろの服のままに、やっとこの日田舎駅に降り、夏の山道をわが家に向かっていた。

『母さん！』先に声をかけたのは、息子の方だった。

一瞬、幽霊でも現われたかのように、母は息をのみこんで立ち止まった。

『……』息子の名を呼んだが声にならない。走りよって息子の膝にとりすがり、肩をふるわせ泣きくずれるだけの母だった」（本書第I部　1　被爆の思想）

暑い夏の白い峠道での母と子の出会い、何でもない小さな出来事だったが、地獄の広島の五日間、麻痺しきった感覚の自分であっただけに〈ああ、自分に母がいた〉〈人間に親子っていうのがあったのだ〉と、今さらのように実感した。そして、母とわが家に歩き始めた自分の目に、故郷の山の緑が不思議なほどまぶしくうつったのを思い起こす。

一九六五年夏、文学教育の全国集会が秋田の田沢湖高原で開催された。集会二日目が八月六日。これから全体会が始まろうとしていたとき、わたしは、人知れずひそかに、広島師範寮で同室だった垣原が原爆死したときの姿を思い起こしていた。ところが、すぐ側にいた常任委員のひとりが、急に立ち上がって緊急提案をした。

「今日は、わたし達被爆国民が忘れてならない日だ。原爆詩人、峠三吉の作品『墓標』の朗読を聞いて、原水爆禁止の誓いを新たにしよう」

この提案は、万場一致で採択され、直ちに作品の朗読が始まった。わたしは、詩の言葉が垣原の死と重なって、頬をつたう涙をどうすることもできなかった。期せずして起きた「原爆許すまじ」の歌声も会場を圧して朝の高原に流れていった。

これまでにも、わたしは組合運動をつづけ平和運動にも参加してきた。しかし、自分が被爆者だと名のってかかわることをむしろ避けてきた。被爆者でなくても自分はという思い込みの方が強かった。しかし、このときは、委員のひとりでもあり、被爆者でもある自分が、なぜ、このような提案ができなかったのか。その委員への敬意もさることながら、自分の弱さが悔やまれてしかたがなかった。

考えてみれば、自分は垣原のために何もしてこなかった。断末魔の時、わたしの名を呼んだのは何だったのか。不当に殺されるくやしさ、無念さ、生きたい、生きて教師になりたかった。原爆を投下したものへの限りない怒り、それらがすべてこめられていたはずだ。生き残ったわたしに、もし何かができるとすれば、それは、死の直前の垣原の心を、わたしが、もう一度叫びなおして、多くの人に伝えることではなかったのか。垣原の冥福を祈ることが、自分が主観的に業を背負い自閉症に陥ることでないことを、峠三吉の詩がはっきりとさとらせてくれたのである。

このことだけが原因だとは言えないが、この頃から、わたしは、積極的に被爆者だと名のり、被爆者運動にも原水爆禁止運動にも参加するようになった。

翌年の六月、都立体育館で一万人規模の「被爆者を励ます集い」が計画され、都内各地域では、被爆者を結集させ、組織化していく運動が進められた。その頃、下町の江戸川区で教師をしていたわたしは、教員組合の役員に、「被爆者のあなたが何もしないでよいのか」と言われ、じっとしていられなくなり、会をつくるために、一軒一軒被爆者の家を訪問して歩き始めた。

ある家を訪ねたときのことである。声をかけても返事がないので、留守かと帰りかけたら、奥の方から年老いた男の人が這って出てきた。妻も息子も昼間は働きに出て自分ひとりだが、原爆で建物の下敷きになった足腰が悪く立ち歩くことができない。食事もあてがい扶持に朝枕元に置かれたまま、便所にも立てないので、床でたれ流しだと涙をうかべて訴えられた。

高度成長だといわれる日本の首都のどまんなかで、被爆者がこんな姿で放置されている政治の在り方に、無性に腹が立ってたまらなかった。そして、何もしないできた自分が罪を犯しているとさえ感じさせられた。

※人間共通の生き方

被爆者とて社会的な存在である。被爆者の人間回復も生き甲斐も、他とのかかわりのなかで形成され思想化されてきた。被爆者の苦しい心とくらしを支えてくれる家族や社会の人間愛を感じたとき、こんな苦しみは、子や孫に、だれにも味わわせたくない。ふたたび、わたしたちのような被爆者をつくりだしてはならないと思ってきた。

原爆被害が戦後十年も占領軍や日本政府によって隠蔽され、被爆者の人権も放置されたときは、被爆者だと名のり、苦しい体験を語ること自体が社会的差別をまねく要因にしかならなかった。

しかし、第五福竜丸ビキニ水爆被災事件をきっかけに、原水爆禁止運動が大きく盛り上がったとき、初めて被爆者は「生きていてよかった」と実感できた。これは、社会が、運動が、被爆者の原爆とたたかう生き方を意味づけたからである。そして、「核戦争起こすな」「核兵器をなくせ」の要求実現のために、核兵器と対決してたたかう多くの人びとの生き方とも深く重なり、非核の証し「被爆者援護法」制定の国民的要求をも思想化したのである。

「被爆者の生き方」論は、単に被爆者個人の人格的努力論に終わらせてはならない。核戦争阻止、核兵器廃絶、平和に生きる人権確立が、人類生存にかかわる歴史的な重要課題である現在、「にんげんをかえせ」の被爆者の生き方を、大きな使命感をもった人間共通の生き方へと転化させなければならない。

2　被爆者、不屈のたたかい
――占領下のヒロシマから今も続く被爆者の運動

一九四五年八月六日・九日。広島・長崎への原爆投下は、核戦略を中心とする冷戦体制の始まりでもあった。アウシュビッツの虐殺や南京虐殺が敗者ナチスや日本の犯罪であれば、ヒロシマ・ナガサキの殺戮は勝者アメリカの起こした犯罪である。いずれも有史以来の最大の汚点というほかはない。

敗戦の日本を占領したアメリカ軍は、九月には、いち早くプレスコード（報道管制）を指令した。そして、原爆被害の実相や苦しむ被爆者の実態についての報道を、「連合国の利益に反し」「占領軍に対し、不信や怨恨を招く」として、日本国内はもちろん国際的にも禁止した。

大田洋子・原民喜・峠三吉・正田篠枝らの小説や詩、短歌までもが検閲されたり表現を抑圧された。雑誌で原爆の特集をした編集者は、軍法会議にかけるとまで脅かされた。広島・

長崎の被害を撮影記録した日映のフィルムも没収され、二二年間返還されなかった。東大教授の都築博士らが行なった原爆災害調査資料は、原爆症に苦しむ被爆者の治療に活かされる貴重なものであったが、その発表も禁止された。アメリカが広島・長崎に設置したＡＢＣＣ（原爆被害調査委員会）は、被爆者を精密に検査はしたが、治療は一切行なわなかった。そして、死体解剖も含む検査データを新たな核戦争準備のためにアメリカ本国に送り続けたのである。

こうした占領下の状況で、隠蔽され放置された被爆者は、体験を語ることさえもはばからねばならなかった。しかし、その一方では、原爆がもたらした体と暮らしと心の苦しみとともたたかい、生きねばならなかった。それに何よりも、身内を殺した核兵器の廃絶と、原爆投下を招いた国の戦争責任からの償いを要求し、それを阻むものには抵抗もせざるを得なかったのである。そのたたかいは今もなお続いていて、ヒロシマ・ナガサキが決して被害中心の昔話でないことも体現しているのである。

※被爆教師の生活綴り方運動

広島市荒神国民学校（小学校）の中本剛訓導は、原爆が投下された時、市の北方安佐郡久地村へ学童疎開で赴任していたために難を逃れた。八月八日、学校や親たちと連絡をとるために広島に帰った。荒神国民学校は全滅で人影もなく死の静けさが不気味にただよっていた。防空壕のなかで頭を真っ二つに割られた子どもの死体を見つける。受持学級の一人で、疎開をいやがり広島に残っていた子であった。新婚間もなかった中本氏は妻の安否が気になって、彼女の勤務先の青崎国民学校も訪ねる。被爆者の死体を焼く煙が校庭にたちのぼり、そのそばに魂を失ったみたいに茫然と立ちつくす女性がいた。それが妻であった。原爆の体験は、中本氏の世界観を変え戦後の生き方を方向づけた。教員組合や青年文化連盟の活動にも進んで加わった。一九四七年段原小学校に転任する頃から、仲間の教師とともに、子どもたちに「生活を綴らせる」作文教育にうちこんだ。作文のなかには被爆体験の苦しみや悲しみや訴えを書いたものも出てきた。

これをきっかけにして、子どもたちに原爆体験記を書かせる実践活動に取り組んだ。子どもの作文力も次第に成長し、すぐれた五十数編は詩人の峠三吉や文化運動のリーダーだった大村英幸らの手でいろいろな機会に発表された。

一九四九年一〇月二日、「平和擁護広島大会」が広島女学院講堂で開催され、中本剛教諭は五年生の受持児童十数人を引率して出席した。級長の山根治仁が代表して壇上に上がり、原爆で弟を失った体験の作文を切々と読み上げた。

強い感動が会場に広がるなかで、婦人団体の山田欣子さんが立ち上がり、人類史上最初に原爆の惨禍を経験した広島の市民として「原子兵器の禁止」を全世界に訴えようと緊急動議の発言をした。満場の拍手で原爆反対の議事は浮かびあがり、決議に生かされることとなった。原爆反対を明確に主張したこの大会宣言は、日本はもちろん広島でも最初の第一声だったのである。

この大会で、中本教諭の教育実践は大きな力を発揮したが、彼自身はこの年の一一月、大会出席も理由になって教職を追放されたのである。平和運動への教員参加は、権力者にとって許せないことだったのである。しかし、追放された中本氏はその後も屈することなく、原水爆禁止運動と被爆者運動に活躍し続けるのである。

※朝鮮戦争と被爆者

一九五〇年一月、トルーマン米大統領は水爆製造を指示する声明を発表する。

三月、ストックホルムで平和擁護世界会議常任委員会が開かれ、「核兵器絶対禁止、国際管理、核兵器使用政府は戦争犯罪人」などを内容としたストックホルム・アピールを発表し、全世界に署名を訴えた。この署名は日本で六四五万人、全世界で六億人までに広がった。

六月二五日朝鮮戦争の勃発。トルーマン米大統領は「朝鮮戦争で原子爆弾の使用を考慮している」と言明した。日本列島の米軍基地化も進行するなか、民衆の全面講和、反戦、原水爆禁止の平和運動が急速にたかまる。

広島では、県や市を含めて平和擁護大会が開かれる予定であったが、突然、市が協力を辞退し、八・六の行事すべてが禁止された。広島市警察本部は「反占領軍的または非日本的と認められる集会、集団示威行進あるいは集団示威運動を禁止する方針を決定」し、八月六日当日は三千人の警察官が市内外に待機した。

一九五〇年の八月六日

峠　三吉

走りよってくる
走りよってくる
あちらからも　こちらからも
腰の拳銃を押さえた
警官が　馳けよってくる
……………………
一斉に見上るデパートの

五階の窓　六階の窓から
ひらひら
ひらひら
夏雲をバックに
蔭になり　陽に光り
無数のビラが舞い
…………………
八月六日を命日にもつ全ヒロシマの
市民群衆そして警官、
押し合い　怒号
とろうとする平和のビラ
奪われまいとする反戦ビラ
鋭いアピール！
…………………
…………………

被爆詩人の峠三吉を中心とする「われら詩人の会」のメンバーは、この日平和公園に向かうが、すでに警官が立ち入りを禁止していた。平和集会は福屋デパート前で決行するというささやきが伝えられ、繁華街の八丁堀に向かう。そして、現地の市民、労働者、被爆者ら数百人が合流する雑踏の上に、八月六日のビラが舞い落ちたのである。このビラも、実は「われら詩人の会」の増岡敏和氏らが、ひそかにデパートに上がり、窓からまいたものである。病弱で杖をついた峠三吉は連絡の任務を受け持っていた。群衆が歩く渦のなかでの集会だった。突然に一人の男が、仲間に抱え上げられ集会の宣言をしアピールする。警官がトラックからどっと駆けよったときは、もう別の渦になって動いていた。そして、次の集会場所である広島駅へ向かい始めていたのである。

※警官が包囲するなかの音楽会

翌一九五一年も、朝鮮戦争反対・原子兵器使用阻止のたたかいが続いた。八月一日、広島市では、鈴木共子さん（毎日音楽賞受賞者）を迎え、「原爆犠牲者追悼ヴァイオリンリサイタル」を盛大に開催する予定で準備が進められていた。市内の電柱が、そのビラで埋まるほど宣伝もいきわたっていた。ところが、前日になって、ビラがはがされ、会場の女学院講堂も不許可となった。やむをえず爆心地近くの五流荘（集会所）で開催しようとするが、警察は変更届が日限過ぎだとの理由で中止を命じてきた。五流荘の主人に対しても再三再四、場所を貸すなと伝達された。しかし、押しかけた被爆者や市民は会場を去らず場外にもあふれ、ついに演奏会が始まる。権力によって禁止され警官の包囲の中でヴァイオリン演奏会が開かれるというのは、史上空前の出来事であったろう。原爆という二字がつけば、音楽会でさえ冷酷非情な取り扱いをするといった戦争遂行者の本質がそこに見られる。

リサイタルは、園部三郎氏の講演「芸術と人間性」で始まり、鈴木さんは、ピツエティ「平和への祈り」など四曲を宅孝二氏（芸大講師・作曲者）の伴奏で演奏した。聴衆の熱烈な拍手はいつまでもなりやまず、会が終わってからも立ち去ろうとしなかった。園部三郎氏は、これまでも数えきれないほど音楽会に立ち会ってきたが、原爆ドームの下の演奏会ほど感動にあふれた場面はなかったと言う。

※原爆死の息子のためにたたかう母

被爆者は、核兵器廃絶と被爆者援護法を要求してひたすら運動を積み上げてきたが、援護法制定については、国会請願国民署名は一千万人に迫り、国会議員の三分の二に迫る個人賛同を獲得し、全国自治体の三分の二を超える制定促進決議も獲得してきた。こうした蓄積の上に参議院では二度も援護法案を可決している。

この成果は一朝一夕にできたことではない。悪条件を抱えながらも何十年にわたって、被爆者自らが全国で組織をつくり、要求をまとめ、政治の問題として国民に訴え、自ら行動し、たたかってきたからに他ならない。政府と国会に、いったい被爆者は何百回、足を運んだだろう。厚生省前では何度も座り込みの行動を続けてきた。そして、今もそのたたかいは続く。

東京都議会の援護法促進決議は、反対する政党もあって、一人でも反対議員がいると決議できない理由で長い間審議もされなかった。それなら都議会議員一人ひとりにあたり、しかも全員の個人賛同を得ようと東京の被爆者は行動を始めた。最初は不可能に見えた。何しろ一二六人のうち一人でも反対されれば終わりである。正面きって反対はしなかったものの、党の政策がとか、国の問題だとか、戦争の犠牲は被爆者だけではないなど言を左右にして賛成しない議員もいた。しかし、被爆者はへこたれなかった。

山根操さんは、八三歳の婦人被爆者である。広島の軍需工場で被爆し、傷つき、我が家に運ばれたが、中学二年の息子さんも上半身が焼けただれて苦しんでいた。そして、八月二六日に「戦争さえなかったら、こんなことには」と恨みを残して一四歳の短い生涯を閉じた。

署名しようとしない都議に、断わられても逃げられても被爆者たちは諦めなかった。会ってくれるまで、署名してくれるまでねばり続けた。山根さんも息子の死を語り続けた。党派をこえて何人もの議員が涙した。山根さんにとって、国が原爆被害を認め援護法を制定しない限りは息子の死が浮かばれない思いなのである。理屈ではない、被爆者として、母として我慢ができないのである。

最後まで署名をしぶった議員との対面は劇的だった。その議員が小一時間も立ち往生しているその胸元で、山根さんは生きていれば息子よりも若いその議員に、息子の死を語り訴えつくし、今は無言でにらみつけるように返事を待っていた。そこへ被爆者の役員の一人が、かつて都知事も国に援護法制定を要請すると答弁した議会記録を見つけ届けてきた。それがきっかけだった。「被爆者のみなさんのねばりには負けました」とは、あながちその議員だけの感慨でもなかった。「援護法制定促進決議と国への意見書提出」が満場一致で議決されたのは、それから間もなくであった。九三年の三月議会で被爆国の首都・東京で、援護法制定の促進決議をし、国に要請したことは、政治的にも全国的にも大きな意味をもつ。これまで政府が「一般戦災者との均衡もあるので」と被爆者と空襲戦災者とを分断し援護法を拒否してきた論理は、東京大空襲の体験と戦災者を抱える東京都議会の決議で破られたのである。

名もない多くの被爆者の核兵器廃絶・援護法制定のたたかいの力は、あの日の被爆体験が原点になり、生き残った者の死者への誓いから出てくるものである。しかもそれを大きく支えたのは、ビキニ水爆事件以来、被爆者の援護連帯を柱にした被爆国民の原水爆禁止運動の力なのである。

3　天皇と原爆と子ども・青年の死

※天皇逝去と始業式の黙祷

天皇逝去から三日目、一月九日(月)は、東京の小中学校の三学期始業式の日だった。七日の逝去の日には、校長会が召集され、児童の黙祷、弔旗の掲揚、校長の訓話、音曲の禁止などが通達されたと組合からの情報で聞いていた。

いつもより四十分早く登校し、すぐに校長室に行く。あいさつがすむと、校長の方から黙祷その他の話が出たので、重要な問題だから、始業前に運営委員会にはかった方がよいとの意見だけを述べると、居合わせた教頭も校長も、そのつもりだとの返事。

始業一五分前に運営委員会が開かれる。十一人中、組合員はわたしをふくめ二人だけ。はじめに校長から教育委員会の通達が報告され、校長の意見として校門前の弔旗は、地域の声もあるので実施したい、校歌を歌うことが音曲禁止にふれるという考えもあるが、自分としては校内の教育活動として歌ってよいと思う。黙祷についてはやることになっているが、みんなの意見もきいて校長の責任で決めたいとの旨が述べられる。

しばらく、だれも意見を出さぬので、わたしが意見を述べる。

弔旗掲揚については、わたし個人は反対であるが、地域の動きもあるので、みなさんの意見にまかせる。校歌斉唱については、校長の意見に賛成、日常の教育活動まで自粛する方にこそ問題がある。黙祷については、教師として強く反対したい。

天皇の逝去を悲しみ、個人的に黙祷をする人がいることを否定はしない。それは、その人の考え方であり、自由である。しかし、一方で、戦争中、天皇のためにといわれて肉親や友人を殺された人のなかには、決して黙祷などできないという人も少なくないはずである。わたしも広島で原爆に遭ったが、天皇の讃歌を歌わされて殺された学友の姿を思うと、どんなに言われても黙祷できない。だから、黙祷しない自由もあるはずである。

けれど、一番大切なのは、子どもたちの教育である。始業式で、「黙祷」と号令をかければ、子どもたちは一斉に目をつむるだろうが、それは結果的に一つの考え方をおしつける教育となってしまう。黙祷させることで子どもたちの何を育てるのか、そのねらいがむしろ教師としてこわい。戦前の教育が、子どもたちを知らずしらずのうちに、皇国主義や軍国主義に染めていったまちがいを繰り返さないようにぜひ考えていただきたい。

こんなに整理した言い方ではなかったが、わたしは、話しながら、戦時中、自分の受けた軍国主義教育や天皇に関する苦い体験がつぎつぎとうかび、これだけは後にひけぬ思いだった。この三月で退職する自分の、戦後四十年の教師生活のすべてをかける思いさえしていた。

戦後の時代を苦しめられて生きた同じ年代で、日常的にもそのことを話題としてきた校長だった。しばらくは考えていたが、

「わかりました。一斉に黙祷させることはやめましょう。私の話も、天皇逝去の事実と年号の変わったことを簡単にふれるだけにしましょう」

この校長のまとめが、職員朝会で報告され、特に異論もなく、始業式は行われた。

※皇国民の教育

小学校に入学して間もないころだったから、天長節の日（四月二十九日）であったろう。畳の上にあった新聞を何気なくまたいで通った幼いわたしは、いきなり父からどなられ面喰らった思い出がある。「天皇陛下のお写真が載っている新聞だ」というのである。天皇の何かも知らない自分にとって、なぜ、この日の新聞だけはまたいでいけないのか、叱られながら、黒白の写真が気味悪く見えた。

文部省は新指導要領に、東郷平八郎（元帥）を小学生に教える歴史上の人物と指示し、戦後初めて軍人を復権させる。

このニュースを新聞で読んだ朝、五十年間絶えて口ずさむことさえしなかった歌が、とつぜんのようにわたしの意識の下からよみがえった。〝東郷さん　東郷さん　東郷さんはえらい人　軍艦三笠のマストの上に高くかかげた日章旗　寄せくる敵を亡ぼして　天皇陛下の御威光を　世界の人に見せました〟。曲はもちろん、一言半句歌詞も間違いなく思い起こせたのである。たしか、わたしが小学校二年生の時教わった歌である。

一八七九（明治一二）年、天皇は元田《もとだ》永孚《ながざね》を通じて「専《モツパ》ラ仁義忠孝ヲ明カニシ、道徳ノ学ハ孔子ヲ主ト」する教育を行なえとする「教学聖旨」を出した。近代教育史上天皇の公教育に対する最初の干渉とされたものである。これは、その後の皇国史観の教育政策や国定教科書の内容に大きな影響を与えた。その中の「小学条目二件」の一には「仁義忠孝ノ心ハ人皆之《コレ》有リ然トモ其幼少ノ始ニ其脳髄ニ感覚セシメテ培養スルニ非《アラザ》レハ他ノ物事已《スデ》ニ耳ニ入リ先入主トナル時ハ後奈何《イカン》トモ為ス可カラス…」とある。

昭和ひとけた世代は、もの心つくかつかぬかの幼児期から、天皇を神格化し国家と結びつけ、皇国のためには命をささげる教育を受けた。文字どおり、「他ノ物事」が「先入主トナル」以前に「脳髄ニ感覚セシメ」られたのである。

国定教科書がどのような内容であったか、教科書研究家の一人、唐沢富太郎氏は、国語教科書について次のように述べている。

「国語は、児童の情操を養う教科の中でも最も重視されていた教科であったから、その美しい文学的表現のうちに、児童を知らず知らずのうちに国家主義的なものに引き入れようとする試みがなされた」

（『明治百年の児童史』講談社、一九六八年）

「……やがて、野外統監部へ天皇旗をお進めになって、御統監の大元帥陛下がお出ましになりました。最敬禮をしてから仰ぎ見ますと、風當りの最も強い高地でありながら、陛下は外たうをも召されず、熱心に戦況をごらんになつていらつしやいます。それを拝した時、私たちは何ともいはれぬ感じがして、目が涙で一ぱいになりました。……」

（小学国語読本巻八「大演習」四年生用）

「……国歌を奉唱する時、我々日本人は、思はず襟を正して、栄えます我皇室の万歳を心から祈り奉る。此の国歌に歌われてゐる言葉も、また我が尊い国語に外ならない……」

（同巻九「国語の力」五年生用）

「……何のために軍に出で候ぞ。一命を捨てて、君の御恩に報ゆるためには候はずや。…」

（同巻十「水兵の母」五年生用）

皇国民養成の教育を受けたわたしの印象に残る『サクラ読本』からの抜き書きである。これは、信仰心の教化であり、合理的科学の教育ではなかった。

戦時中、日本全国どこの学校でも、児童は朝礼の最初に皇居の方角に向かい最敬礼をさせられた。関西では、「東方遥拝」の号令で行なわれた。ある朝、学校長が遥拝のあと朝礼台に上がるといきなり、

「君たちは毎朝、東方遥拝をしているが、どんな気持ちでおじぎをしているのか」

ときいた。クラスの最前列に並んでいたわたしのすぐ前にいる担任の先生が〈早く〉と目でわたしを督促したように思えた。何が何でもと手だけを挙げてしまった。全校児童のなかで、まさか自分だけがとは思いもしなかった。「四年生のその子」と校長に指され面喰らったわたしは、顔から火の出る思いで、言葉につまりながら、

「テ、テンノウヘイカサマニ、オハヨウゴザイマスト　ココロノナカデ　イイマス」

と答えてしまった。答えたすぐあとで、それが、ウソであることに気がつき、無性に自分がいやになった。しかし校長は「ヨロシイ」とほめた。そして、四年生が答えて五・六年生が手も挙げられないとは何事だと話しつづけたが、わたしはうつむいたままだった。思い出すさえ、いやで苦い思いのする出来事である。

※原爆の反人間性と天皇の戦争責任

人類史上、最初の核戦争であった広島・長崎への原爆投下は、一瞬のうちに二〇万人余の生命を奪った。

日本原水爆被害者団体協議会（日本被団協）の調査によると、九歳以下が一八％、六〇歳以上が八％、一〇歳から六〇歳までの女性が三九％で、全体の六五％は、非戦闘員である子ども、女性、老人であったと報告されている。

▼川原で先生の死体のまわりで自分の名まえを言いつづけていた幼児たちも、夕闇がせまるころには、みんな死んでいました。家から迎えにくる人もいませんでした。（被爆者）

▼大きな棟木でおしつぶされて炎につつまれ、「お母さん熱いよう」と叫ぶわが子をついに助けることができませんでした。わたしは、子どもを見殺しにしたのです。（被爆者）

広島師範学校の予科生だったわたしたちは、被爆の前々日、学校農場の隅に整列させられ、教官から作業がたるんでいるとひどくどなられた。炎天下で空きっ腹のわたしたちの作業は、確かにのろかったに違いない。なかでも大男の北村は目立ったのか名指しでなぐられた。そして、たるんだ精神を入れ替えるのだと、全員が直立不動で〝海行かば〟を歌わされた。

〝海行かば水漬《みづ》く屍《かばね》　山行かば草むす屍
大君の辺《へ》にこそ死なめ　かえりみはせじ〟

六日の朝、ほとんどの学生は海田市の作業に動員されたが、北村だけは農場作業にかり出された。何千度という熱線に背中の肉を焼き溶かされ、三日後に死んでいった。

広島二中の一年生は、八月六日の早朝、市内の建物疎開に動員されて、全員が殺された。そのときの生徒の最後の模様を生き残った親たちが調べて報告をしている。

四学級の高田文洋《ふみひろ》君の話です。

「みんなで〝み民われ　生けるしるしあり　天地の　いいいい、じこの御楯と　出でたつわれは〟と和歌をうたい、お母ちゃん、お母ちゃんと叫びました」

一学級の古川喜佐登君。

「川の中で手をつないで〝海ゆかば〟をうたいました」

三登一規《かずのり》君。

「川で大勢と一緒に、流れてきた木につかまって浮いていました。岸から火が吹きつけるたびに、水の中にもぐった。もう最後だと思って〝君が代〟をうたいました」

四学級の浜内茂樹君。

「泳ぎのできないものは、〝ぼくらは先に行く〟といって万歳を叫んで流れて行きました。みんな〝お母ちゃん〟〝お母ちゃん〟と大声でいっていた」

（広島テレビ製作『碑〈いしぶみ〉』より）

一九七五年十月一三日、天皇の訪米帰国の記者会見が、皇居宮殿で行われた。広島の中国放送の記者が、「原爆投下の事実をどうお受けとめになりましたでしょうか」と質問したのに対して、天皇はつぎのように答えた。

「原子爆弾が投下されたことにたいしては遺憾に思っていますが、こういう戦争中であることですから、どうも、広島市民にたいしては気の毒であるが、やむを得ないことと私は思っています」

同じ記者会見で、天皇は、戦争責任についても

「そういう言葉のアヤについては、私はそういう文学方面はあまり研究もしてないので、よくわかりませんから、そういう問題についてはお答えできかねます」

と答えて、戦争責任を「言葉のアヤ」の問題にした。

「原爆投下をまねいた戦争について、天皇に責任がないとはいえない」と発言し、右翼から攻撃された本島長崎市長は、八九年原水爆禁止国民平和大行進の出発に際して、初めて激励のメッセージを寄せた。

※天皇と〝君が代〟を教える

始業式がすんで教室に入った三年生の子どもたちに、

「天皇がなくなられたね。どんなことを考えた」

とわたしはきいた。ほとんどの子が
「どんな人なのか、よくわからない」

と答える。憲法で述べてある「象徴」の意味は、まだ、この子たちに無理である。「日本の王様みたいな人だよ」と言った子がいる。

「そうだね、でも童話によく出てくるようないばって命令をする王様ではいけないね。天皇のことも、天皇のおしごとも、日本中のお父さんやお母さんたちがえらんだ代表がきめた憲法というきまりに書いてあるんだよ」

「えっ、みんなできめるの」

民主主義、選挙権、主権在民、憲法も、三年生ではせいぜいこの程度にしかわからない。

「昨日の日曜日、お父さんといっしょに皇居に行った」

という子が一人いた。けれど、いっぱい人がいたから見て帰っただけだという。

「おじいちゃんが言っていたけど、亡くなった天皇のときは、戦争がいっぱいあったんだって！」

この子の言っている事実が一番わかりやすいと考えたわたしは、〝海行かば〟を歌わせられて、原爆で死んだ友だちの話と〝君が代〟をうたい、お母さんと叫んで死んでいった広島二中の生徒の話をしてやった。みんな真剣に聞いてくれた。

「みんなで戦争なんて起こさせないように、三学期もしっかり勉強をしようね」と励まして終わった。

卒業式に〝君が代〟を歌わせられる学校に転任した。どう考えたって、わたしは唇をあけることができなかった。担任の子たちはよく見ていた。教室に帰って、

「なぜ先生は校歌を歌って〝君が代〟は歌わないの」ときいた。

わたしは、この時も〝君が代〟を歌いながら原爆で殺された子たちの話をした。被爆の体験は、わたしの戦後を生きる原点であり、教育の原点でもあった。

「私は、しばしば、此世がおびただしい白骨の上に成り立っていることをかんじる。我々のいのちも、文化も、そして、現在の平和も、なにもかもがその上にあることをかんじる」

（東野光生「私の描いた水墨画の涅槃図」一九八九年四月十日朝日新聞夕刊文化欄）

死を考える教育は、生きることを考える教育でなければならない。

4 何にたたかい生きるか
——被害・加害・抵抗

※被害と加害の無反省と対立論

最近は広島・長崎でも、被爆者が体験を語ると、

「あなた方は、原爆の被害のことだけを訴えているが、それでは国際的に反発をかうだけではないか。なぜ侵略加害の責任と反省を言わないのだ」

と、面と向かって批判されることがあると聞きます。年老い気弱になっている被爆者は、とっさに返す言葉も見つからないまま〈ああ、もういやだ。二度と語るまい〉と固く口を閉ざしてしまうといいます。

「被害」と「加害」とは、そのように矛盾し、対立するものなのでしょうか。

広島教育研究所が行なった、小・中・高・大学生の平和意識調査では「原爆投下は仕方が

なかったと受けとめている者が全体の三分の一以上いる」「とりわけ、中学男子は五一％、高校男子も四七％がそのように反応している」「この数は決して少なくない」とまとめ、問題視しています。

「日本の平和教育は、広島・長崎・沖縄の被害を中心に行なわれてきたが、日本のアジア民族に与えたひどい加害の事実も教えなくてはならない」という指摘自体は、その通りです。だから、教師たちも、日本の犯した侵略事実の教材化とその指導に力を入れてきました。ところが、「日本も悪いことをした」だから「原爆投下も仕方がなかった」というように生徒の意識にはたらいてきたとすれば問題です。

しかし、最近は自由主義史観にたつ教師たちが、このような生徒の意識変化を好ましいものだととらえているのです。主張の中心人物の藤岡信勝氏は「原爆投下のおかげで日本はソ連の占領を免れ、朝鮮のように分割されることを避けられた」とまで原爆投下肯定論を述べています。「加害」「被害」の事実を、二元論的に相対化させたり、相殺させたりする危険を感じます。改めて、原爆投下目的の歴史的事実の学習、教育が課題となります。

他方では、相も変らず保守党の議員や大臣が、かつての侵略戦争を、「自衛のため」「アジア民族解放のため」の「聖戦だった」などと正当化しようとする発言をし、アジア諸国の憤激をかっています。

奥野誠亮氏の「日本だけが、侵略国家と言われることはない」、中曽根康弘氏の「日本も悪いことをしたかもしれないが、アメリカだって原爆を投下した」などにもみられるように「どっちもどっち」の「同罪」論。評論家の上坂冬子氏は「償いはもう済んでいる」と「決着済み」論を述べ、長谷川慶太郎氏は「日本人がいつまでも戦争責任にこだわり続けること自体、日本だけでなく、アジア全体にとってもプラスではない」という「時効」論など侵略戦争無反省の論が続いています。

※原爆被害の責任追及とたたかい

広島・長崎の被爆者は、もともと残酷な「あの日」のことや、辛うじて生き残った自分のことなど、思い出したくない、忘れたい、語りたくもないことなのです。まして、敗戦直後から占領軍により原爆報道が隠蔽され、被爆者放置の政治も続いただけに、被爆者とわかっただけでも社会的な差別を受け、就職、結婚、わが子の出産に人知れず苦しまねばなりませんでした。被爆したことを隠し通したかったのです。いまでも沈黙して語らない被爆者は数多くいます。

しかし、ビキニ水爆、福竜丸被災事件を契機に盛り上がった原水爆禁止運動が、被爆者の証言は核兵器廃絶の国際運動に大きな力をもつことを位置付け、被爆者もその使命を感じ原爆投下への怒りをこめて辛い体験も語り始めました。

それだけではありません。被爆者みずからも組織をつくり「核兵器廃絶」と「原爆被害の国家補償」の二大要求をかかげて運動を続けてきました。第一の要求では、アメリカの原爆投下が国際法違反であることの責任追及、その証しとしての核兵器廃絶実現を国の内外に訴え続け、第二の要求では、侵略戦争を開始、遂行し、その結果まねいた原爆被害に対する日本政府の責任を追及し続け、〈非核の証〉としての「被害者援護法制定」を政府、国に求め続けてきました。

何度も被爆者が厚生省前に坐り込むという、強い要求のたたかいに対し、現橋本首相が厚生大臣のとき諮問した「原爆被爆者対策基本問題懇談会」は、一九八〇年一二月、次のような意見を答申しました。

「およそ戦争という国の存亡をかけての非常事態のもとにおいては、国民がその生命・身体・財産等について、その戦争によって何らかの犠牲を余儀なくされたとしても、それは、国をあげての戦争による『一般の犠牲』として、すべての国民がひとしく受忍しなければならないところであって、政治論として国の戦争責任等を云々するのはともかく、法律論として、開戦、講和というような、いわゆる政治行為（統治行為）について、国の不法行為責任など法律上の責任を追及し、その法律的救済を求める途は開かれていないというほかはない…」

つまり、原爆被害も含め国民の戦争被害について国は何の面倒もみないから〈受忍しろ〉というのです。この〈受忍論〉を、被爆者だけの問題だと見過ごしてよいのでしょうか。現に、空襲の被害者やシベリア抑留者の訴訟に対しても、この論理が使われ拒否されています。現憲法下でも戦争になれば、国は国民の生命や財産に責任をもたない、救済もしないということです。

一九九四年に成立した「被爆者援護法」も、〈非核の証〉や〈国家責任による補償〉を抜いたものでした。被爆者は現在も、原爆の被害は決して〈受忍〉できないと、核戦争拒否の権利を『原水爆被害者の基本要求』にかかげ、たたかい続けています。

原水爆禁止世界大会に、毎年日本を訪れる世界の核実験被害者は「日本の被爆者が、苦しいなかでも核兵器廃絶のために命と人生をかけ、たたかい続ける姿に励まされる」とも言います。

※殺す側の国家権力と殺される側の民衆

ある市民団体が『戦争被害と加害の問題』の集会を開催し、アジアからの留学生と共に、私もパネラーの一人として参加したことがあります。

一人の留学生が、きわめて率直に、「被爆者のかたには、聞きにくいことでしょうが、私たちは、原爆の投下によって日本が負け、アジアの諸国は解放されたと教育されてきました。だから、原爆投下万歳だと思ってきました」と述べました。事実マレーシアの教科書には、きのこ雲の手前で人々が諸手を挙げて喜んでいる挿し絵が掲載されているのを私自身も見たことがあります。私は、原爆投下が日本の敗戦を早めたという説の誤りや、アメリカの原爆投下目的など、説明する時間がなかったため、その場では、

「被害のあるところには必ず加害があり、加害のあるところには必ず被害がある。広島・長崎の被害も、アジア侵略の加害も、その責任を徹底して追及することで本質が明らかになるのではないか」

と一般論しか提言できませんでした。

アジアの人たちと連帯して核兵器廃絶の運動を発展させるためには、原爆投下正当化論の克服が大切な課題として残っていることは、言うまでもありません。

共感したのは、留学生の次の発言でした。

「けれど、日本に来て、広島・長崎の資料館を見学し、私たちの国と同じように日本も多くの民衆が戦争で殺されたことが、よくわかりました」

一九九一年、中国を訪問した私が、南京屠殺記念館を訪れた時のことです。現地のはから

いで、幼いころ目の前で、日本兵に家族を殺された体験者に対面でき、証言を聞くことができました。聞きしにまさる日本兵の残虐行為には、同じ日本人として辛く恥ずかしい思いをしました。純朴な日本の農民が召集され、大東亜共栄の聖戦と信じて、侵略の鬼の代行人と化してしまった事実は、かんたんに被害者が加害者にさせられたというだけではすまない、人間の弱さが故の責任も感じないではおれませんでした。

しかし、思い起したのは証言の終わりの方で付け加えられた一言でした。

「日本軍だけではありません。蒋介石軍も城門を閉ざして逃げたため、私たち市民は城内から逃げることができませんでした」

沖縄がそうであったように、自国の軍隊も加害者であったのです。私たちは意外に、殺す側の国家権力と殺される側の民衆とを混同して考えていないでしょうか。

被爆者が参加したある集会で、「被爆者も赤ん坊もすべて侵略戦争の加害者で、責任がある」と述べた評論家がいます。戦後も苦しんできた一人の女性被爆者は「なんで私たちまで、非難されなくてはならないのですか」と、涙さえうかべ悔しがっていました。日本人全体が、アジア侵略の重い歴史を背負って国際社会に生きていかなくてはならないという意味だとしても、あまりに乱暴な言い方だと感じます。敗戦直後〈一億国民総懺悔論〉が広がり、かえって戦争犯罪の追及をあいまいにした反省も思い起こします。

後にその評論家は、「従軍慰安婦」の人たちへの補償金を国民の募金によって行なう案を政府に具申し、総理の書簡をつけて渡すまでに話を進めましたが、肝心の「慰安婦」の人たちにきっぱり断られてしまいました。

国家の戦争責任と、国民の戦争責任を同一視することは、むしろ民衆運動を分裂させることになりかねません。

※国境を越える民衆の連帯とたたかい

被爆五〇年の原水爆禁止一九九五年世界大会の国際会議で一つの感動的な場面がありました。それは、アメリカのキリスト者の有志ＦＯＲ（友和会）のベッカー女史が、〈原爆投下謝罪の公開書簡〉と、それに賛同する七千数百名の署名を広島・長崎両市長に手渡すことと、その内容を発表した時です。

「広島・長崎への原爆投下五〇年に思いをいたす今、原爆によるキノコ雲は人類の記憶のなかに鮮明に焼き付けられ、永久に消えることはありません。下記に署名した私たち米国市民は、両都市の破壊によって多くの人々にもたらされた苦しみと死を覚え、日本の方々に深く哀悼の意を表明いたします。米国政府による原爆投下の決定と、災禍にあった両都市のご遺族や被爆された方々にふりかかった想像に絶する苦しみと痛みに悲しみの思いを抱いている平和を愛するアメリカ人を代表して、私たちは心から謝罪を表明いたします。……」

「私たちは、わが米国が核兵器の使用に道を開いたということと、その結果として起こった核兵器競争が文明諸国間にとっていまだに脅威として重くのしかかっているということを認識し、あがなう必要があると感じております」

紙面の都合で省略をせざるを得ませんが、次のくだりにも感嘆の声があがりました。

「この謝罪は、日本軍がアジアで犯した残虐行為を軽視するものではなく、また日本によって占領された国々の人々や、連合国側にあって従軍し、犠牲となった人々の苦しみや死を忘れるものではありません」

相殺させることのできない厳然たる事実と責任とを見つめています。その上で、

「私たちは、日本の友人たちと共に、また世界中の友人たちとも協力し、全世界から、戦争をなくし、平和を地球規模の文化に創造するために働くことを約束します」

国家の論理を超えた民衆の視点から、たたかう連帯も訴えました。

※むすび

侵略加害と被害を問題にするのなら、一国の首都に外国軍隊の基地があり、玄関口の港に公然と核艦船が入港し、自動的に他国との戦争に巻き込まれる事態の進行を見過ごすわけに

いきません。しかも、国民が主権者となっている現在の憲法では、今度はかつてのように、侵略加害は専制国家の責任だなどと逃れるわけにいきません。

日本が犯した過去の侵略加害の歴史を学ぶことで、ふたたび繰り返さぬ証しとして、今、自分の生きるたたかいにこそ教訓は活かされなければなりません。

子ども・青年が、未来に向けて自分の生きかたを励まされるのは、戦争に反対し抵抗し平和のためにたたかい生きた人々への感動ではないでしょうか。同時に、私たち教師にも、自虐史観ではない世界的で人類史的展望も共有できる歴史視点の教材化、その指導がせまられています。

5　教科書問題にみた被爆と核兵器廃絶の歴史認識

「新しい教科書をつくる会」編集、扶桑社刊の歴史・公民教科書の内容が、国内はもちろん、アジア諸国でも論議され、採択を懸念する全国の父母・教師・地域住民など、多数の人たちの要望で、全国でわずか〇・〇三パーセントの採用だけにおわらせたという。そのこと自体は民主的な世論の大きな成果だと言えよう。

しかし、問題はそれほど単純ではない。僅かな採択でも、障害を持つ生徒の公立養護学校で使用させられることになったこと。そして、従来、現場教師の要望が多かった教科書は採択激減。こうしたなかでの、今後の教育運動、歴史認識を育てる実践研究など、課題は多い。

本稿では、この度の教科書問題であまり議論が深められなかった、原爆被爆・核問題にしぼって、今後の課題にふれたい。

※「天皇と被爆者」の記述

「つくる会」の教科書には、「日本武尊と弟橘姫」ではじまる一一の「人物コラム」が設定されている。最後のコラム「昭和天皇―国民とともに歩まれた生涯」に、記述は短いが見逃せない箇所がある。

「【崩御の日】　昭和天皇（一九〇一～一九八九、第一二四代）が崩御された一九八九（昭和六四）年一月七日朝、知らせを聞いて多数の国民が皇居前に集まった。広島で被爆して東京に住む六八歳のある老婦人は、『ずっとね、昭和天皇と一緒に苦労してきた、という気持ちがあるんですよ』と語った。この婦人をはじめ、皇居前では、さらに全国各地では、若者、老人、主婦、サラリーマンなどさまざまな人々が、昭和天皇の時代の持つ意味に静かに思いをめぐらせた」

昭和天皇が一二四代という根拠も問題だが、天皇逝去の日、広島での被爆者があたかも天皇を慕う国民の声を代弁しているかのような扱いには、多くの被爆者と共に戦後を生きてきた一人として憤りを覚える。その婦人を非難するのではない。戦争と原爆で生涯を苦しみ続けてきた被爆者の歴史的な扱いに腹がたつのである。

今年の夏の八月九日、「長崎原爆犠牲者慰霊平和祈念式典」で、被爆者代表の池田早苗さんは、出席している小泉首相の前で原爆症で家族がつぎつぎに殺された証言をした。

「赤トンボに近寄ろうと池に入ったとき、姉が私を呼びました。池から上がり、『ネエちゃん何?』と言うと、姉は手足がしびれるからさすってくれと言います。姉の体にはドス黒い斑点が出ています。やっぱり姉も死んでしまうのだと思っているとき、とつぜん姉が言いました。『日本の国は戦争に勝っているね』『……うん』と返事しますと、いきなり立ち上がって両手を上に挙げ、『天皇陛下万歳』と言って倒れて死にました。戦争が憎い　原爆が憎い　核兵器が憎い」

被爆者は原爆で殺されたことはもちろんだが、同時に、天皇制のもとで、原爆投下をまねいた戦争政治によっても殺されたのである。

※原爆投下の目標と意図は

産経新聞二〇〇一年四月二一日夕刊に「検定合格の歴史教科書」「広島は軍都だから被爆」「日本側に〈過ち〉と記述」の見出し記事が掲載された。別の紙面でも、「本島（注・前長崎市長）『原爆容認論』と同じ論理構成で記述」と、かなり紙面をとった批判の扱いである。

私はこの記事を複雑な思いで読んだが、このことは、あまり論議されてこなかったのではないか。問題にされた教科書は東京書籍のコラムである。「地域の歴史を調べてみよう　軍都から平和都市へ」の設定で、広島に住む中学生たちが、「どうして広島市が、被爆都市になってしまったのか」の学習課題で、日清戦争以来、広島は前進基地になり、軍用施設も造られ、軍都として発展したことを説明し、原爆投下による被爆の原因が「戦前の広島市が軍都として発展したことにある」と安易に結論づけている。

これは記事も指摘しているように、米軍の公開資料によっても、事実として間違いである。一九四五年五月三一日、原爆投下目標を決定した米軍の最高会議（暫定委員会）で、スチムソン陸軍長官の次のような結論に全員が同意している。

「日本側に事前の警告を与えることはできない」「可能な限り多数の住民に深刻な心理的効果を与えようとするべきである」「もっとも望ましい目標は、労働者住宅に囲まれている軍需工場」

つまり、軍事施設への攻撃ではなく労働者住民の無差別攻撃が目標なのである。事実、広島の原爆は、市の繁華街をめがけて落とされ、死者の六五％は非戦闘員の女性・九歳以下の子ども・六〇歳以上の年寄りであったことは、厚生省の『原子爆弾被爆者実態調査報告』（一九八五年）でも明らかである。

原爆投下目標地も、最初は東京湾なども含め全国で一七の地域が選ばれている。それが次第にしぼられていく検討のなかで、「東京の宮城は、戦略的価値が小さい」「京都は住民の知的水準が高く新兵器を認識させやすい」「広島は（地形的に）広域に破壊する規模をもっていて周囲の丘で爆風の収束作用が得られる」などが議論されている。

軍事目的というより、新兵器の示威的・実験的意図も含む政治的な意図で検討されている。候補都市が、京都、広島、小倉、新潟の四都市にしぼられた時点の六月三〇日、米軍はこの四都市への一般空襲を極秘に禁止しているのである。当時軍港のある呉市が何度も猛爆されるのに、軍都広島だけがなぜ爆撃されないのか、多くの市民が不審に思ったことであり、いくつもの証言がある。

※原爆投下の理由と目的は

原爆投下の戦略的な理由と目的にも触れなくてはならない。

当時の戦況からみても、アメリカは軍事上日本へ原爆を投下する必要はなかった。日本軍は、敗戦の前年、すでに海空の戦力は壊滅し、戦局の見通しも立たない始末だった。四五年に入ると、東京、大阪をはじめ、ほとんどの都市が空襲で焼け野原となり、沖縄も占領され、海上輸送は完全に封鎖状態。物資も食糧も極度に困窮、国民は餓死寸前の状態だった。放っておいても、日本の敗戦は歴然としていた。

日本軍との熾烈な戦闘を続けたアメリカの最高司令官マッカーサー将軍も「私の幕僚たち

は一致して、日本はすでに崩壊と降伏寸前にあると判断していた」と言い、原爆投下についても、「軍事的にみれば全く不必要と考えた」と回顧録に記している。

当時、ヨーロッパ連合軍の最高司令官で、後に大統領となるアイゼンハワーも回顧録に次のように記している。

「自分はスチムソン陸軍長官に対して」「日本は、すでに敗れているのだから原爆投下は全く不必要、わが国がこれを使って世界の世論を憤激させることは避けるべきであると答えた」

大統領付参謀長のウィリアム・D・レーヒ提督も「戦争を終わらせるために、日本本土に上陸作戦すら必要ない」と主張している。

三人とも軍事の最高責任者だけに注目すべき判断の一致である。戦わなくても原爆を投下しなくても、日本を敗戦に追い込めるというのである。さらに決定的なのは、四六年、戦後になって米戦略爆撃調査団が出した報告書の結論にも「原爆がおとされなかったとしても、ソ連が参戦しなかったとしても、一九四五年一一月一日の九州上陸作戦予定日までに日本は降伏していた」とある。

では、世界最初の原爆実験からわずか八日後の七月二四日、しかも日本に降伏を迫るポツダム宣言発表（七月二六日）前に、トルーマンは、なぜ急いで日本への原爆投下を命令したのか。

四五年二月、米英ソのヤルタ会談の秘密協定で、ソ連はドイツが降伏したら（実際は五月七日）三ヵ月後に、日本に対して戦争を開始することを取り決めていた。これはアメリカの側が「日本の背後を攻めてほしい」とソ連に切望してきたことだった。

ところが、ポツダム会談が始まった日の夜、現地で本国から原爆実験成功の電文を受け取ったトルーマンは、これまで期待していたソ連の対日参戦に対して、急に強硬姿勢へと変わる。「原爆が日本に投下されれば、ロシアがやってくる前に日本はお手上げだ」と日記にも書いている。

ソ連が参戦すれば、中国、朝鮮、満州における権益が大問題となり、ヤルタ協定の約束だった南樺太・千島列島の割譲も実現する。そうなったら、大戦後の日本占領もふくめ北東アジアでもソ連の発言権は強大になることをトルーマンは恐れたのである。

原爆投下作戦の責任者スチムソン陸軍長官も「（原爆投下の目的は）満州に侵攻し始めたロシアが日本本土に到達する前にできるだけ早く日本降伏を実現することだった」と述べている。

事実、ソ連の対日参戦は八月八日通告で、広島への原爆投下は二日前の八月六日というきわどい実施だったのである。

アメリカが主張し続ける「原爆投下は戦争終結を早め、日米両国民数百万人の人命を救助した」という正当化論も、米軍側資料からみても正確ではない。軍事的に不必要だった原爆投下によって、広島・長崎両市民二十数万人を殺した事実と責任こそ問題にすべきではないか。

ポツダムで、アメリカが原子兵器を開発したことを知らされたスターリンは、帰国するやいなや、すぐさまモロトフに、四二年以来停止していた原爆開発の再開促進を命じる。アメリカに対する不信と疑惑が、ソ連を核兵器開発に駆り立てたのである。

広島・長崎への原爆投下は、アメリカが核兵器によってソ連を封じ込め、戦後世界の支配を意図したものであった。同時に米ソを中心とした核大国の核軍拡競争と冷戦体制の始まりだったのである。原爆は、戦争を終わらせたのではなく、人類を否応もなく核時代に突入させる始まりだったのである。

※被害と加害の追及

広島市が日清戦争以来海外派兵の拠点であり、軍都として発展したことも歴史的な事実である。地域の歴史として学ぶことも大事なことである。そして、日本のアジア侵略をはじめ十五年戦争全体の加害責任を考えていく歴史教育でなくてはならない。そこは、アジア侵略を矮小化、あるいは認めない「つくる会」の歴史観と基本的に違う。

問題は、広島が軍都であったことを、安易に原爆投下と結びつけ、直接、原因・結果としたことである。この設定だと生徒の認識は「日本も悪いことをしたのだから原爆被害も仕方がない」となり、〈被害〉〈加害〉の相殺論に陥り、〈原爆容認論〉にもなるのである。

※「つくる会」こそ核兵器容認論

東京書籍教科書を「原爆容認論」と批判した産経新聞が擁護してきた「つくる会」教科書の記述はどうなのか。

「つくる会」が、最初に文部省に提出した公民教科書の検定本は、はっきりと核兵器の容認・廃絶否定の立場で書かれている。

「核廃絶は絶対の正義か」と題したコラムに、「核兵器があると戦争が起こりづらくなる。つまり核兵器には戦争抑止力があるということができる」と述べているのである。

さすがに文部科学省も「核抑止論にかたよった扱いになっており……核兵器の脅威について公正に判断できないという支障を生じるおそれがある」と検定意見をつけた。

修正本は、どう書き直されたのか。

まずタイトルを「核兵器廃絶という理想を考える」と変更し、半ページだった記述を一ページに増やしている。

最初に、核兵器廃絶の国際的動向は述べているものの、要は次のような流れと結論である。

「もし核兵器廃絶が表面的に合意されたとしたら、そのときが、世界にとってもっとも危険な瞬間だ」「なぜなら核兵器製造は容易である」「完全に監視することは不可能」「核兵器廃絶の禁を破るものが、世界を支配するかも知れない」「核兵器廃絶が『絶対の正義』だとしても、違反するものがいないという前提がなければ」「どんな理想も空論に終わってしまう」

やはり、核兵器廃絶運動に冷水を浴びせる「核兵器容認」の記述なのである。

「原爆は、核兵器は、人類の生存にもかかわる絶対悪の兵器で、決して人類と共存できない。いかなる理由、目的であっても、その使用、威嚇、存在は許されてはならない。国際法違反の兵器である」

これは、ヒロシマ・ナガサキの体験からの叫びであり、人類普遍の歴史的認識と思想であり、被爆国日本が世界に貢献できる主張ではないか。

6　体験的平和教育の運動史と課題

わたしは、戦後史のなかで一人の現場の教師が、平和教育運動にどのようにかかわって生きてきたかを体験的に述べさせていただきます。

※原爆がわたしの原点に

紹介をいただきましたように、一六歳の夏、一九四五年の八月六日、アメリカ軍の原爆投下により広島で被爆しました。当時、広島師範学校の予科二年の学生でした。

あの日の朝、たまたま寮を出ていたために、私は九死に一生を得たのですが、いつも隣の寝台に寝ていました一年の垣原という学生は、十メートル近くも吹きとばされて即死でした。

当時、わたしが室長をしていたのですが、生き残った一年生の学生が、

「ピカッと光った瞬間、彼は寝台からとび出して、『室長さんっ』と呼び、出口の方に走り

かけました。けど、その時、寮がつぶれてみんな下敷になったのです」と報告してくれました。

その日から、生き残ったわたしたちは、必死の救出作業を続けたのですが、彼の死体が掘り出されたのは、三日目の夕刻でした。

三十六年経た今も、わたしは彼のことを考えない日はないといってよいほどに、あの日のことといっしょに思い出します。むしろ、年を経るほど、彼が「室長さんっ」と叫んだその声をわたしは背中にしょって生きてる感じが強くなってきます。

優秀な学生でした。教師になることを夢みていたから師範学校にも入ってきたのです。――生きていれば、きっと今ごろ子どもにも信頼される日本のすぐれた教師の一人になってくれただろうに――彼のその命、人生が、とつぜん原爆によって断ち切られてしまったのです。なぜ、彼が「室長さんっ」と最後に自分を呼んで死んでいったのか。考えれば考えるほど、彼の死にたくはなかった思いや、彼が生きて果したかっただろう願いの分まで、わたしは生きなければばならない――このようにわたしは思い始めてきたのです。いや、生き残った者はそうせざるを得ないのです。

これは、わたしだけではないと思います。当時、悲惨な状況の中で、身内の者をなくし、親しい友をなくした人たちは、すべてそういう重荷をしょって戦後を生きているのではないでしょうか。

現在わたしは、教師をしながら、東京都原爆被害者団体の事務局長も続けております。広島・長崎で被爆し、今も、東京に住んでいる方が約一万人いらっしゃいます。日常、多くの被爆者と語るなかでも、先ほどのような話がよく出ます。被爆者のなかには、自分が生きているうしろめたささえも感じている人々がたくさんいます。すぐそばでわが子を殺された親は、なぜ自分が生きて子どもが死んだのか。自分が死んで、子どもを生かすことができなかったのかという問いから逃れることができないのです。

※死んでも問われる教師の姿

わたしたちのいた予科生の寮の地続きに、師範の元の付属であったM小学校がありました。当時は、都市の小学生も中学年以上は田舎に集団疎開をさせていました。だから、残っていたのは、いたいけない一、二年生の小学生でした。原爆投下時の八時十五分は、子どもたちが登校したころだったのでしょう。学校の昇降口の所で、一人の女教師が、三、四人の小さな子たちを両腕にかかえこむようにして死んでいた姿を忘れることができません。

やがては教師になることを頭に描いていたわたしでしたから、教職にある者の厳しさを見せつけられた思いのする光景でした。教師は死んでも教え子から逃げてはならない。死体の形まで、社会的責任を問われるのが教師なのですね。

後になって、広島大の学長もなさった長田新先生が『原爆の子』（岩波書店）のあとがきに、「先生はひな鳥をいたわるように両脇に教え子を抱かれ、生徒は恐れわななくひな鳥のように先生の脇下に頭を突込んでいます」という子どもの作文を引用しながら、解説を加えていらっしゃるのを読んだことも、わたしのイメージをいっそう強くしたと思えます。

※戦前の軍国主義教育

原爆投下まで、わたしも当時の例にもれずみごとな軍国少年として育っていました。戦争中の幼児の歌に『ボクハ軍人ダイスキヨ』というのがありました。わたしは、こんな年になっても、今でもそれを間違いなく歌い踊ることができます。これは、軍国主義の家庭教育の「成果」なのです。幼い、まだぶよぶよとしているような脳髄に、ことばと音楽と動作とをともなって教えこまれたことは、一生涯消え去ることがありません。教育のこわさを考えさせられます。

だから、平和教育もこのことを逆の教訓として、命のたいせつさや平和の尊さを、幼児、低学年の時からきちんと教え育てておくことが、その子の一生にかかわるきわめて重要な問題だと考えます。

今でこそ批判できるわたしたちの年代が受けた小学校教育の、「ススメ　ススメ　ヘイタイ　ススメ」の教材も、「キグチコヘイハ　シンデモ　ラッパヲ　ロカラ　ハナシマセンデシタ」の修身教材も、そして、「水兵の母」にしろ、当時の子どもには美的感情さえともなった感動的な教材であったのです。

こうして国をあげての軍国主義教育の結果が、われとわが身を敵艦にぶっつけて死んでいく特攻隊員の人格をも形成していったのです。

わたしの父親は、わたしが小学校を卒業した年に召集令状を受け戦地にひっぱられました。出征の前の晩、父は母の前でほろっと涙を流したのをぬすみ見したとき、ふたたび父親と会えなくなるかも知れない悲しみよりも、出征は名誉なこと、軍人としては女々しいのではないかなどと思った記憶があるのです。今考えれば、はるかに父親の方が人間的であるのに、そこまで自分の人格を当時の状況が教育していたし、人間性すらも失わせていたのだと、苦々しく思えて仕方がありません。

※戦後の教育第一期　(占領下の平和教育)

戦後の平和教育史をどのように区分して考えるかは、いろんな視点や考え方があると思いますが、これまた、わたしの体験的な区分で述べますことをお許しください。

敗戦（一九四五年）から朝鮮戦争を経てサンフランシスコ条約調印までを第一期と考えます。

新生日本の新教育が開始された時代です。平和国家、民主国家、文化国家としての日本再生の意気を学生なりに感じたものです。ところが、たしか師範の本科三年の卒業間近かの頃だったと思いますが、占領軍の教育担当の視学官が、学園にのりこんできて、学生全員を講堂に集めて教育についての講話をしたことがありました。その時、一人の学生が教育と学生運動の自由の問題について質問をいたしました。

「君たちは考える自由はあっても、行動の自由は占領政策の中で――」といわれて、日本にほんとうの自由はきていないと思い知らされた記憶が残っています。

一方で民主主義、平和主義を謳歌していた時代に見えても、占領軍の報道管制はちゃんとひかれていました。原爆詩人の峠三吉さんや正田篠枝さん、作家の大田洋子さんなどが、当時官憲に追われながら創作活動を続けていたわけです。つまり、原爆に関してはタブーであったし、政策としてもできるだけ隠蔽しようとするものであったのです。

現在、ある出版社の教科書を編集執筆をしている関係もありまして、この時代の教科書を調べたことがあるのですが、実は、広島・長崎の惨禍はもちろんのこと、「原爆」の「原」の字も出ていないのですね。アメリカは、広島・長崎の原爆被害の事実が世界に知られることを極度におそれたし、日本政府は占領以後ですら、その政策をひきついでいるといっても過言ではありません。

最近、戦前の天皇制や教育勅語を復活させるような意味の発言が、経済界や保守層の人々から強調されていますが、よく調べてみますと、敗戦直後から歴代の文部大臣のほとんどが、教育勅語礼賛、天皇制護持の発言をくり返しています。これは驚くべきことだと思います。つまり、ポツダム宣言受諾の条件みたいに日本が要求した国体護持（天皇制）をうまく利用して、アメリカは占領政策を進めたということがあるわけですから、保守層にしてみれば根強い一貫性があるわけです。

わたしが教師として出発したのは、一九四九年、昭和二十四年のことでした。広島市の郊外の小学校に勤めました。初任給が三八〇〇円、戦後の食糧難はまだ続いていて、闇米二升も買えばなくなるという時代でした。受持児童の中に原爆孤児がいて、たった一人の身寄りである年老いたおばあさんが面倒をみていました。そのおばあさんが、そっと夜、わたしの下宿先に見えては、いろんな相談をもちかけられるのですね。経済的にはもちろんなんの援助もしてあげられませんし、非常に体の弱い子でやせて声まで小さくなっていたような子でした。夢をもって教師になっても、子どもひとりの不幸も解決してやれないいらだたしさと無力感を感じさせられたものです。

広島湾の似の島に、原爆孤児ばかりを収容した学園が当時できていました。そこへ、何度か訪れたりもしました。その子を入れるためではなく、自分に何ができるかを探るために行ったのです。

平和教育といっても、そのころは、原爆のことは広島では日常的な話題でしたし、ごく自然に子どもたちと話し合っていました。

朝鮮戦争勃発（一九五〇年）は、教師になって二年目でした。まだ背広も買えず、学生服の下駄ばきで通っていました。その日の朝は遅刻したために、児童朝会をやっている運動場が横切れず、そっと校舎の裏から下駄をぬいで廊下づたいに教員室に入りました。その時、学校長が児童に「朝鮮で戦争が始まりました」と話しているのが聞こえてきたので、今も印象づよくその日のことを覚えています。

戦後の平和教育は、朝鮮戦争を契機にして組織的な取り組みが始まったのですが、それは、当時の教師のほとんどが悲惨な戦争体験をもっていただけに、しかも、教え子を戦争に追いやるといった苦い過去を持っていただけに、悔恨と反省をこめた強い思いの平和教育であったのです。日教組がかかげた歴史的なスローガン「教え児を再び戦場に送るな」という決意は一九五一年の初めに出されたものです。

そのころのわたしは、正直に言ってまだ、情勢を正しくとらえることもできず、二年間の田舎教師をやっているうちに、自分の勉強不足を感じ、学業のやり直しをするつもりで、一九五一年の春、親の反対をふり切るようにして上京しました。

※第二期（平和教育の第一次昂揚期）

講和条約が調印され、日米安保条約の結ばれた一九五一年から、勤評の実施される前の年一九五七年までが一区切りに考えられます。

上京したわたしは、運よく東京の教師になることができましたが、新しい同僚たちから聞いたのは、前の年、全国的に荒れ狂ったレッド・パージの事実でした。かろうじて首切りをまぬがれた教師と話したり、彼の紹介で追われた教師にも会ったりするうちに、信念をもって教育界に生きることの厳しさを深刻な思いで聞かされたものです。

しかし、こういった厳しい状況の一方で、平和に対する国民の要求は急速に高まってもいました。まがりなりにも占領やプレスコードが解かれて、広島・長崎の怒りも一気に爆発したような時代でした。長田新先生編の『原爆の子』の作文集が発行されたのが一九五一年ですし、例の有名な高知県の先生の詩、「戦死せる教え児よ――逝いて還らぬ教え児よ／私の手は血まみれだ！／君を縊ったその綱の／端を私は持っていた／しかも人の子の師の名において／……」が発表されたのもこのころです。日教組が中心になって製作した原爆映画「ひろしま」の上映運動も五三年に始まっています。

タブーであった原爆投下の事実が、小・中学校の教科書にはじめて登場します。例えば『原爆の子』の作文が、五～六ページにわたって引用された社会科の教科書もあります。いずれの教科書も、数ページを使って原爆に関する記述をしています。

一九五四年には、ビキニの水爆実験で第五福竜丸が被災するという事件が起き、それを契機に、原水爆禁止大運動が国民的な規模にまで急速に広がりました。当時、魚屋のまぐろは、みな死の灰をかぶっているように気味悪がられ値下がりしました。貧乏学生だったわたしは、逆にそれを貰って食べたりしました。広島で放射能をかぶっているのなら、これしきのものという非科学的でやけっぱちな気持ちもありました。しかし、原水爆の被害が、直接国民の食生活につながった深刻さが、多くの人々を結集させたひとつの要因だったとも思います。

わたしも、この頃になってやっと自分が原爆の体験者なのだなと意識しはじめました。広島の教師のころは、自分の体験をそれほど周囲の人に語る意味も感じなかったし、むしろ、生きて残った負い目さえ感じるくらいでした。ところが、東京に出ると、広島・長崎のことがほとんど知られていないので、何かのきっかけがあると興奮して語りました。教え子たちのどのクラスでも、体験を語ったようです。自分では、いつ・どんな話をとはっきり記憶していないのですが、昔の同僚や教え子たちが、異口同音に印象が強烈だったと話してくれます。今考えれば、決して計画的な平和教育の実践ではなく、体験者としての本能的な語りかけだったと思います。けれど、教師の生きざまや思いを語り知らせることが、子どもたちの生き方に大きく影響することも事実のようです。それは、かなり後年なって教え子たちの反応や人生観を聞かされて気づいたことです。

平和運動や平和教育の昂揚期の一方で、政府はいろんなかたちで弾圧を加えてきました。朝鮮戦争とレッド・パージのことは先ほどふれました（全国で一五〇〇人の教師が首を切られる）。わたしは上京して、二年目（一九五二年）に早稲田大学に編入学し、同時に組合活動の分会長にも選ばれますが、とたんに、例の血のメーデー事件が起きます。たまたま、その日わたしは学校に残ったのですが、参加した先生たちの中にかすり傷を負って帰校した先生がいて、責任を感じたことがあります。

この年は、東大ポポロ座事件が起き、早稲田大学でも警官隊が学生に暴行する事件が起きています。わたしも怒りにもえ、坐りこみ団を応援していた時に、警官隊がなぐり込んできて、長い廊下を走って逃げたことを思い起こします。破防法反対闘争には、ＰＴＡの役員の方にものぼり幟をもって集会デモに行ってもらったりしました。このころは、わたしも警官の聞き込みの対象者になったようです。わざわざ留守の時に、下宿先に私服がやってきて、下宿のおばさんや近所の父兄のところへ行って、メーデー事件や早大事件との関係をそれとなく聞き込みをしているのがわかりました。それほど大物でもない若い学生まで、そのころは跡をつけられた時代でした。しかし、わたし自身は、そんな中で、少しずつ平和運動や民主化運動のたいせつさを自覚し、信念みたいなものも鍛えられたように思います。

一九五三年に池田・ロバートソン会談がもたれ、国民の防衛意識と青少年の愛国心と学校教育がとり上げられ、以後急速に教育界の官僚統制が強まり、逆コースの道をたどるようになりました。

六年ほど中野区の教師をやったわたしは、世田谷区へ転任しましたが、その学校は、今は亡くなられた教育学者の宮原誠一先生がＰＴＡの会長もなさっていたところでした。

※第三期（平和教育抑圧の時代）

世田谷に転任したら、間もなく勤評闘争が始まります。一九五八年四月、都教組一〇割休暇闘争の朝、『人間の壁』を朝日新聞に連載していた作家の石川達三さんが見えて、集会の壇上から話されたのを覚えています。

〝勤評は戦争への一里塚〟のスローガンも、多くの人々を結集させた名文句と思いますが、これも、戦時中の教育統制を知っている教師や学者や文化人の実感から出たものだと考えます。

平和教育の実践として、わたしは被爆体験を語ると同時に、戦争を描いた児童文学の作品を子どもたちに読んでやりました。竹山道雄の『ビルマの竪琴』は、今でこそ、わたしも批判がないわけではありませんが、当時の教え子たちに大きな感動を与えた作品です。

すでに三十歳をこえている教え子のクラス会に出席すると

「勤評闘争の日、先生が教室に来なかったこと。夏休みに、原爆の話を聞いたこと。『ビルマの竪琴』を読んでもらったこと。この三つは、忘れられない思い出です」

の声が何人からも出ます。なかには、「水島上等兵どの」とふざけて、わたしを呼ぶ者もいます。作品内容の記憶は、その時だけのものではないようです。それ以後も、何度も読み返しているし、映画になった時も、テレビで放映されるときも、感動を反すうしているようです。そして、水島の生き方と自分の生き方を対比して考えることもあるというのです。

その後、わたしも文学教育運動や文学の読み聞かせ運動に参加し、その教育力も主張するようになりましたが、当時は、ただ自分の感動を子どもに伝えたいだけで無意識にとった方法でした。

ところが、一九五八年後十年間は、平和教育にとっても厳しい暗黒の時代を迎えます。すでに一九五五年には、民主党は『憂うべき教科書』第一集を発行して、教育内容への直接介入をはじめます。

原爆に関する教科書の記述を見ても、一九五七年度から使用される社会科教科書八種類が、有名なF項といって「六番目の調査官」の意見によってつぎつぎと不合格処分を受け、原子雲や原爆砂漠の写真が、東条英機や広島市復興の写真にさしかえられるようになります。数ページにわたって書かれた原爆と平和に関する本文も、わずか一、二行にまで削られていったのです。逆に、原子力の平和利用については積極的に書かれるようになっていきます。

たまたま、わたしもある国語教科書の編集の仕事に加わりましたが、「なかま」ということばが検定の問題になったり、わたしの出す意見は少数意見で浮いてしまったり、教科書のPR誌に、民間教育団体に所属している学者の原稿をすいせんして載せたりしたものですから、まずい関係になり、自分でもいや気がさしてやめてしまいました。

この時代には、つぎのような腹立たしい教科書教材までありました。小学四年の国語の教科書です。上に、広島の原爆慰霊碑に花を供えた写真、下には、かつて日本が親善のためにアメリカに贈ったポトマック河畔にある桜の花の写真が並べられている。そして、指導書に、美しい花を外国に贈って仲良く——の主題が述べられているのです。被爆者であるわたしは、たいへんに驚き怒りを覚えました。非人道的原子爆弾の投下の責任や、その悲惨、残酷さから目をそらし、美しい花と親善といったイメージで本質をそらしてしまう怖ろしさを感じたのです。

平和教育の暗黒の時代といいましたが、そんな時代であればあるほど、民衆のエネルギーもわたしは感じてきました。六〇年安保の大闘争には、連日のように職場から仲間たちと国会へ出かけていきましたし、ベトナム反戦、沖縄返還、砂川基地反対闘争が続き、教育界も、勤評から学テと熾烈なたたかいが続き参加をしてきました。

わたし自身が、意識的に平和教育運動を始めた一つの体験をお話ししたいと思います。

一九六五年の八月六日の午前八時すぎ、秋田の田沢湖高原で開かれていた日本文学教育連盟主催の全国集会に、わたしは参加していました。わたし自身は、間もなく近づく八時十五分を意識して、学友の垣原の死の光景を思い浮かべていました。ところが、すぐそばにいた常任委員のひとりが、とつぜん立ち上がって、緊急の提案をしました。

「きょうは、われわれ日本人の忘れてならない八月六日だ。原爆詩人・峠三吉の『墓標』を朗読して、原水爆禁止の誓いを新たにしよう」

この提案は拍手で賛成され、直ちに作品の朗読が始まりました。

「墓標」には、つぎのような節があります。

「……いくら呼んでも／いくら泣いても／お父ちゃんも、お母ちゃんも／来てはくれなかっただろう／とりすがる手をふりもぎって／よその小父ちゃんは、逃げていっただろう……走ってゆく帯剣のひびきに／へいたいさん助けて！　と呼んだときにも／君たちに、こたえるものはなく／暮れていく水槽のそばで／つれてって！　と／西の方をゆびさしたときも／だれも手をひいてはくれなかった……」

初めに述べましたように、わたしのことを最後に呼んで死んだ垣原のことと、峠さんの鋭い詩のことばとが重なって、わたしの心ははげしくゆさぶられました。

垣原のことを救ってもやれなかったし、彼の叫び声に答えてもやれなかった。ただ主観的に業を背負って自閉的に彼の冥福を祈ってきただけの自分の過ちに気づかされたのです。彼の死のくやしさや、生きてなりたかっただろう教師の夢を、なぜ、わたしが叫びなおして多くの教師たちに伝えなかったのだろうと悔まれてなりませんでした。わたし自身も大会の常任委員の一人であり、しかも被爆者であるのに提案できなかったそのことを、他の常任がしてくれたことも、わたしにはショックだったのです。

この体験だけが原因とは言いませんが、このころから、わたしは積極的に被爆者だと名のり、平和教育運動を広げていく仕事にもうち込むようになりました。

一九六四年、わたしは東京下町の教師に転任しました。そして、下町に住む広島・長崎での被爆者を一軒一軒探して歩き、被爆者の会を組織しました。一方で、文学教育の研究を続けていましたので、原爆・戦争関係のすぐれた児童文学作品での授業実践や、そうした短篇を集めては文学教育連盟の仲間もいっしょに編集・発行したりもしました。文学教育を通じて、命と平和の尊さを育てる教材を多くの先生たちに手わたす運動につとめました。

※第四期（平和教育第二次昂揚期）

こんな抑圧の時代にも、広島や長崎の被爆教師たちは、「かくれ切支丹のように」（石田明「平和教育の今日的課題」季刊『平和教育』第一号・日本平和教育研究協議会編、一九七六年）細々と原爆教育をつづけたと言われています。

その広島の教師たちが、一九六八年に広島の小・中学生の「原爆に関する意識調査」を行ないました。ところが、被爆の現地広島で、「原爆はかっこいい」「テストがなくなるから原爆が落ちればいい」「八月六日は虫歯予防デーだ」というように答える子がいたことに、広島の教師たちは慄然とします。そして原爆と平和教育の不在の責任をふかく自覚いたします。

つぎの年の一九六九年には、広島県下の被爆教師が結集して、広島県被爆教師の会が結成され、副読本『ひろしま』を発行し、体系的な平和教育の推進をはかりました。ついで一九七〇年に長崎で、また七一年に入ってわたしども東京の被爆教師が、それぞれに被爆教師の会を結成し、同時に全国原爆被爆教師の会に結集しました。

わたしたち東京の被爆教師も、都教組の協力のもとに、一千名の生徒・児童の意識調査をやり、その結果を発表いたしました。続いて東京大空襲を記録する会の教師たちと連絡しあいながら、三月一日ビキニデーから、三月十日東京大空襲の日までの十日間を、平和教育旬間とするように都教組に提起しましたら、それをきちんと受けとめてくれて、その後都教組全体の運動として定着するようになりました。

原爆訴訟を行なった広島の石田明さん（全国被爆教師の会会長）が、当時県教組の教文部長であったため、日教組にもはたらきかけて、教研集会で平和教育の特別分科会が設置され、日教組全体も平和教育に力を入れるようになります。つづいて石田明さんやわたしどもが努力しましたのは、平和教育研究の全国的な専門団体をつくることでした。国民教育研究所の森田俊男先生ともご相談し、広島大学の先生方や、広島の平和研究所などが中心になって、一九七三年の六月に第一回の全国平和教育シンポジウムが広島で行なわれました。これには、全国から多くの教師・父母・学生・学者・報道・文化などの関係者が集まり、大きな反響をまき起こしました。そして、翌七四年六月に「日本平和教育研究協議会」の結成をみました。

国内的には軍国主義の全面的な復活をねらう策動が強まり、教育の反動化をめざす政策がつぎつぎうちだされるようになり、国際的にも中東で紛争の火の手がつぎつぎと起こり、核軍拡競争がとどまることを知らないという情勢に、平和を願う多くの国民が危機感をもち始め、平和教育の重要性を認識しはじめたことが大きな基盤になったようです。

ここでまた、わたしの関係しました国語教科書の一つの動きを報告したいと思います。わたしの所属しています日本文学教育連盟の集会で、基調講演をした時のことです。七〇年代前半のある小学校三年生の国語教科書に「広島へ行って」という教材がありました。内容は、夏休み広島へ行った時の報告作文の形で、平和公園、鈴木三重吉の像、宮島と巡る、いわば観光案内式の内容でした。わたしは、講演の中で、

「少なくも広島へ行って、平和公園へ行くのなら、たとえ、子どもであっても、原爆のことにふれ、そのことを考えるはずである。そのことをはずして、鈴木三重吉や宮島をならべる教材は、不自然であるばかりか、教える意味もない」と、かなり強い口調で批判をしました。ところが、その会場にたまたま該当の教科書の編集長が見えていたのです。あとであいさつをされ、「言われてみて、教材の欠陥がよくわかった。どうか、つぎの改訂時に書き直していただきたい」旨の申し入れがありました。そんなに、たやすく教科書教材が変えられるとは思ってもいませんでしたから、わたしの方が驚いてしまいました。批判した責任もあるので、その後、四分の一改訂の時と、全面改訂の時の二度にわたって原稿を引き受けました。広島の教師とも連絡をとり、原爆症になって折り鶴を折りながら死んでいった女の子の話や、慰霊碑の碑文のこと、原爆でなくなった人々のための灯籠流しの話などを内容とした教材にして、昭和五十四年版まで掲載されていました。

わたしは、そのことがあって、教科書会社の編集者の中にも、良心的に、しかも真剣に平

和教育の大切さを考えている人がいることを知りました。直接原爆を扱ったものでは、もっとも低学年のものだったのです。この教材も含めて、各学年に平和教育教材を配当する編集にふみ切ったのもこの教科書が最初だったのです。一方で「日の丸」「君が代」「愛国心」「国防教育」などを強調し、指導要領での拘束が強められるなかにもかかわらず、五五・六年版各教科書は、執筆者、編集者、そして教科書労働者のさまざまな努力で、小学校の各国語教科書には、すぐれた戦争児童文学の短篇がかなり系統的に入れられており、具体的な平和教育の実践化も広がり始めました。

そこへ、とつぜんのように露骨な攻撃を加えてきたのが、『いま教科書は……教育正常化への提言』（自由民主党版）です。

前々から教育の現場では、子どもも、教師も、そして父母も感動し、すぐれた教材として定着しているようなすぐれた作品も、この『提言』は作為としかみられないような理くつで片っぱしからののしっています。

木下順二さんの「夕鶴」、岩崎京子さんの「かさこじぞう」、ロシアの古い民話「大きなかぶ」などがそうですし、平和教育教材としても多くの教師が手がけ、すぐれた実践も数多く生み出されている「かわいそうなぞう」「おかあさんの木」「一つの花」「川とノリオ」なども槍玉にあげられています。しかもこれらは、文部省が検定して許可をしていたものなのです。教科書の内容に政治が直接介入する事態は、ちょうど太平洋戦争突入前に軍部が教科書の内容や学校教育に介入した事実とそっくりの状況です。ことは、単に教科書の問題にとどまらず、国民の言論、表現の自由にもかかわる問題としてとらえられなければなりません。

※まとめと課題

ここ十年、教育学あるいは社会学の立場から、平和教育の理論的な整理がなされるようになりました。くわしく述べている余裕もありませんが、例えば認識論の側面から次のような指導があげられています。一つには、戦争の悲惨や非人道性を感性的にとらえさせる指導。二つには、戦争の原因、経過、結果、背景などを、歴史的に科学的に、知的に理論的にとらえさせる指導。三つめに、学習者主体が、平和をつくり出すために、どのような行動表現をすればよいか、どう生きていくかを追求させる指導。

また、内容論的側面から、①戦争そのものと平和の教育、②基本的人権の教育、③国際連帯の教育、これらを相互に関連させた教育がいっそう平和教育を強靭なものにすることも指摘されています。

分野の面からみても、従来は、とかく学校教育だけで平和教育をとらえがちでしたが、最近は、家庭教育における平和教育はもちろん、マスコミ・報道・文化あるいは地域運動をふくんだ社会教育の面からの実践的追究もされるようになってきました。このところ、全国各地で〝原爆写真展〟が開かれ、多くの人々の反響をよんでいますが、こうした地域の運動が、実は平和教育としても大きな力を発揮している例といえます。

戦後第一期のところでも述べましたように、戦後から一九五〇年代の後半までは、戦争の苦い悔恨と反省の上にたった教師たち、あるいは子どものころ軍国主義教育を受けながら、そのことが大変なまちがいだったと人生の価値転換を迫られ生きざるを得なかった教師たちの、いわば自分の生きざまが平和教育の根底を支えていました。だから、日教組の発足そのもの、存在そのものも、平和の問題に全面的にかかわらざるを得なかったのです。また、数十にのぼる民間教育研究団体の結成に際しても、平和と民主主義は、専門のいかんにかかわらず、必ず、その基調に入っていたと思います。当時は、わざわざ取りたてて平和教育といわなくても、日常的に、どの教科でも、機会ある度そのことがなされ、教育の原点にもなっていました。

ところが、六〇年代の抑圧された時代を通過する中で、戦争体験をもった教師が減少し、戦後生まれの教師が大半を占める時代になっていました。

新しく胎頭してきた平和教育は、体験から出てくる生きざまの教育から、理論的で意識的なより系統的な教育にならざるを得ません。体験即教材になる時代は、もう通りすぎてしまったように思われます。

そして平和教育というと、戦争体験者の篤志家的な実践のように思われたり、歴史教育や社会科教育のなかで、太平洋戦争の問題や憲法の問題が出てきた時だけに行なわれると考えたりする狭いとらえ方は、むしろ多忙な現場の方にあるようです。

生命と平和の尊さ、民主主義を教えることは、教育の基本であること、したがって、すべての教師が、すべての教科、領域で、いつでも、どこでも教育していかなければならないわけです。ところが、それだけの言い方では、平和教育運動を広げる具体論になり得ません。日教組の教研集会が、数年来、特別平和教育分科会を新たに設置したことも、また、各都道府県教組が、「平和教育特別旬間（月間）」を設けたことも、多くの教師の意識をよびさましているようです。行事化することも組織的に取り組ませるきっかけをつくっています。

現に、平和教育に関する実践リポートは、特別分科会になって年々増しているのをみても、運動の広がっていることがわかります。

日本の平和教育の特徴にさえなっていると思うのは、戦争体験の継承という発想です。体験をほり起こしながら戦争や平和や人間を考えさせる指導が、かなり根づよく続けられてきました。これは、具体的で、身近で、感性に訴える意味からも、有力な方法であったと評価できます。

しかし一方では、体験がもっている限界もあるようです。第一に体験者は年を経るほどに少なくなります。第二に、〈かわいそう〉〈昔のこと〉〈自分のことでなくてよかった〉にとどまってしまう問題もはらみます。第三に、主観的体験で、「今の若い者は……」と安易に説教するためのものに陥る危険もはらみます。

体験のすべてが教育力をもつのでなく、体験から何を教訓として現在・未来にひき継ぐかを問題にしなければならないと思います。いいかえれば歴史的体験とでも言うのでしょうか。例えば、沖縄の戦争体験の中には、日本の軍隊が、沖縄の住民をスパイよばわりして殺したり、泣く声で、壕の場所が見つかるからと幼児を殺したりした事実もあります。

東京空襲の際にも、軍隊は、皇居を警備していても、下町防衛のための出動はしていません。こうした体験なり事実から、わたしたちが教訓としなければならないことは、現在の自衛隊や拡大されていく軍備が、赤んぼうや老人まで含めた国民の命を決して守ってくれないということです。これは先ほど出されている有事研究を見ても明らかです。国家体制を守ることが即国民の命を守り切ることとつながらないことは、この前の戦争でわたしたちは、いやというほど思い知らされてきたのではなかったでしょうか。

米原潜の日昇丸当て逃げ事件も、そうです。日米安保体制が日本の防衛に役だつということは、貨物船船員の命を守るどころか、見殺しにした事実とどのようにつながるのでしょう。

仮想敵国脅威論にしてもそうです。わたしは太平戦争前に、「日米もし戦はば」という少年向きの絵物語を読んだ覚えがありますが、敵国の侵入の恐怖をあおり、巧妙に国防意識と軍備強化を求める世論操作を今ふたたび見る思いがします。なぜ、外交で戦争を起こさせないように、核兵器の完全禁止や軍備徹廃に積極策をとらないのでしょう。なぜ、平和友好や国際連帯のイニシアチブを被爆国としてとろうとしないのでしょうか。

このように考えてきますと、平和教育の課題は、そのまま、わたしたちが平和に生き残るかどうかの国民的な課題にならざるを得ません。

ご清聴いただき、ありがとうございました。

＊この報告は一九八一年五月二日〜三日の教育運動史研究会春季研究集会での報告に筆者が加筆したものです。

7　わたしの昭和史

——軍国主義教育の系譜

※はじめに

カンボジアにおける国連ボランティアの中田厚仁さんの死につづいて、こんどは文民警察官五人が武装集団によって殺傷させられるという事件が起きました。官房長官は、「悲しみを乗り越えて進むことが亡くなった方の行為を無にしない道だと考えている」と述べ、とっくに停戦合意が崩れているにもかかわらず、自衛隊員や文民警察官の撤収は考えていないと発表しました。第三、第四の犠牲もかまわないという姿勢です。いったい国民の命をどう考えているのでしょうか。

政府の考える「平和と正義」のために、国民の犠牲を強要する発想があるとしたら、恐ろしいことです。

「東洋平和のためならば、なんで命が惜しかろう」

戦争中、軍国少年としてわたしの脳裏から消えない軍歌の一節です。国の指導者はいつの場合も、戦争は正義のためだ平和のためだといって国民を動員してきました。

国際貢献の美名のもとに、政府は、充分な国民の合意も得ないまま、自衛隊の海外派遣を強行しました。そうしておいて、政治家たちは、日本の平和憲法は時代遅れとばかりに拡大解釈、解釈改憲、条文無視の法律策定など、勝手な舵取りでわたしたち民衆をあらぬ方へ運んでいくのではないでしょうか。

「わたしの昭和史」として、自分の受けた教育、そのなかで育った軍国少年の姿を綴ることとは、書き進めるほどに気恥ずかしいものですし、にがい思いがつのるばかりです。

しかしまた、逃れることのできない事実であることも間違いありません。

せめてその中で、いささかでも何らかの教訓が見つかりはしないか、それが今日の状況や教育のあり方に、逆の教訓として生きはしないだろうか——その思いだけを頼りに書きつづけてみました。

※「小学校」が「国民学校」に変名

昭和十六年（一九四一）の四月、今日から六年生という始業の朝、登校してみると、校門の表札がけずりなおされ、新しい墨の字で「広島県高田郡向原国民学校」と書かれていました。

明治以来親しまれてきた「小学校」の名を廃止し、新しく「国民学校」と変えたのです。これはナチス・ドイツの考えかたと制度をならったものでした。なれ親しんだ自分たちの学校の名まえが、とつぜん変わったのですから、「国民学校」の言いかたは、子ども心に変によそよそしくうつりました。

この年、文部省が勅令として出した「国民学校令」には、次のように書かれています。

「教育ノ全般ニ亙リ皇国ノ道ヲ修練セシメ、特ニ国体ニ対スル信念ヲ深カラシムベシ」（第一条の一）

「東亜及世界ノ大勢ニ付テ知ラシメ、皇国ノ地位ト使命トノ自覚ニ導キ大国民タルノ資質ヲ啓培スルニ力《ツト》ムベシ」（一条の三）

アジア諸国へ日本が侵略する意図や事実をおおいかくし、そこに君臨する皇国日本の国民を育てようとする教育の強化でした。

※転校第一日

九月、父の転勤で同じ郡内の吉田国民学校に転校しました。小学校在学中に、五回も転校させられたわたしですが、そのたびに、いやな思いをしたものです。特に転校第一日目が快調にすべりだすかつまずくかが、その学校が好きになるかきらいになるかを左右しました。

転校した最初の日、午後は「体操」の時間でした。担任の池野先生は、六年男子組のぼくたちにすもうを取らせました（その頃はたいていの学校に赤土をもり上げた土俵がありました）。

上半身はだかになるのですが、わたしがシャツをぬぐと、みんながどっと笑いました。はだが白く女みたいだというのです。ほとんどの生徒が農家の子で、日やけした彼らに比べると、たしかに弱よわしく見えることは、前の学校でも冷やかされていた経験から自分でもわかっていました。

けれど、わたしは顔を赤らめながらも、ひそかに期するものがありました。郡内一の生徒数の多い前の学校で、わたしはそんなにすもうの弱い子ではありませんでした。それに学校を変わって初めての今日こそ大事な日なのです。笑われた悔しさを怒りと力みに変えたのです。

最初の子には、ものすごい突進で頭突きを食らわせました。二番目の子は、わたしの異様な形相に、自分から土俵をとび出してみんなを笑わせました。さすがに三番目の子は真剣にかかってきましたが、わたしの我武者羅な勢いには、やはりかないませんでした。しかし、わたしの力みぶりもここまででした。体格のよい四人目の子には、みごとに取って投げられました。

わたしは満足でした。これでこの学校での自信がついたと思ったのです。

池野先生は、こんな時の自分にも直接に声をかけてはくれませんでしたが、いつもにこにこと見守ってもらえる安心感のある先生でした。ずっとあとで聞いたことですが、わたしの母方の遠縁にあたる先生だということでした。けれど、そんなことは、わたしにもつゆ感じさせない公平さで、どの子にも温かい先生でした。

※日本、遂に太平洋戦争へ突入

一九四一年十二月八日、家族が朝食をはじめる午前七時、とつじょＮＨＫのラジオから臨時ニュースがながれました。

「大本営陸海軍部午前六時発表、帝国陸海軍は本八日未明、西太平洋において米英軍と戦闘状態に入れり」

家族みんなが箸をとめて、くりかえされるアナウンサーの声に聞き入りました。

「とうとう始まったか、これからは、もっとたいへんなことになるぞ」

と、父はことば少なにもらし、そそくさと自転車で本署へ出かけて行きました。

登校しても、みんな興奮しながら、この話でもちっきりでした。先生たちも緊張した面もちで、ことの重大さと少国民の心がまえについて何度も言い聞かせました。

正午には、「畏れ多くも」の前置きを先生がいって直立不動の姿勢をとらされ「天皇が宣戦の詔書を出された」と聞かされました。

終日、家々のラジオからは、ニュースのたびに軍艦マーチの前奏がながれ、つぎつぎと日本軍の大勝利がつたえられました。

「日本軍航空部隊、ハワイの米太平洋艦隊を全滅させる」「陸軍部隊、マレー半島の敵前上陸に成功」「海軍航空隊、イギリスが誇る不沈戦艦プリンス・オブ・ウエールズら東洋艦隊の主力をほうむる」

これまでも、子ども心に、日本がＡＢＣＤ（米英中蘭）軍に包囲され、そのままだと、日本はやられてしまうという深刻さを感じ、「今にみておれ、きっとやり返すんだ」と思ってきただけに、この勝利のニュースは、とびあがるほどに嬉しいものでした。

「見ろ、やっぱり日本は神国なんだ」

当時の子どもたちは、みんながそのように思って育っていました。

客観的に経済力も戦力も劣っている日本が不意打ちの奇襲攻撃で一時的に戦果をあげただけだということは、戦局がかなり悪くなったあとで、国民にわかったことです。

※中学進学をあきらめる

六年生も三学期になると、進学のことが話題になります。中国地方の山間部に位置する旧いこの城下町に、高等女学校（当時の女子中学）はありましたが、男子中学校はありませんでした。ほとんどが農家の子でしたので、大半の子は小学校を卒業しても、つづいて二年間だけ高等小学校に通うのです。進学を希望し経済的にも許される女の子は、町の女学校に通えましたが、男生徒は遠く広島の町に下宿しない限り、中学へ進学できませんでした。それでも経済的に余裕のある商家や勤め人の子ら十人程度は受験するために放課後居残り、先生の補習が始まりました。

いつも勉強で競っている仲間が、

「お前も中学は受けるんだろう」

と当然のように居残りをさそわれたときは、返事のできない淋しさを感じたものです。田舎の一警察官の父の安月給では、わたしをかしらに食べ盛り四人の子どもを養うのが精一杯。とても町に下宿させて中学に通わせる余裕などなかったのです。しかし、冷静にそう考えられたのは、ずっと後のことです。その時は、しつこく中学受験を両親に頼みました。しかし、父の答えは決まっていました。

「それほど、勉強がしたかったら、学校に行かなくても独学でやればよい」

父の答えが冷たく聞こえ、恨む気持ちにさえなりました。口もきかなくなり、母親にはあたり散らすようになっていきました。

こんなわたしを、見るにみかねたのでしょうか。ある日の放課後、母はわたしをつれて学校の職員室に池野先生を訪ねました。

母の相談を聞きながら池野先生は、涙ぐんでいるわたしをじっとみて、

「それほど気を落とすことはないぞ。やる気さえあれば、高等科に進んでも中学以上の学校にいける。しかも、お金のかからない学校だってある。実は先生も、そこにいらっしゃる佐々木先生も、その学校の卒業生だ」と話してくれました。

わたしは目の前が明るくなってきました。「お金のかからない学校」とは、母にとっても嬉しい話でした。

その学校というのは師範学校でした。当時の学制で高等小学校卒で師範学校の予科に進学できる道があり、本科に進むとき中学卒の入学生といっしょになる教師養成の専門学校だったのです。しかも全学生に、授業料、教材費はもちろん、食費を含む寄宿代まで、国から全部給付されるということです。

そして、師範教育できたえた卒業生は県下の小学校訓導として赴任させ、国策にそった子

弟の教育に専心させるという制度だったのです。もちろん、そこまで池野先生が話したわけではありません。母子には「中学に行けなくても学校の先生になれる」、しかも「学費がかからない」とは、ただただ夢のような話でした。

しかも、わたしを大奮起させることを、そばにいた音楽の佐々木先生がつけ加えてくれました。

「ほかにも道があるよ。将校になる陸軍士官学校につながっている陸軍幼年学校は、普通は中学一、二年生で受験するのだが、高等小学校からだって受ける資格がある。もちろん中学生だってむずかしい学校だが、勉強次第で不可能ではないぞ」

——軍人になれる、しかも将校に……。

当時の軍国少年にとって、最高の目標を佐々木先生は教えてくれました。

——よし。死にもの狂いで勉強をして、陸幼に受かってみせる。

単純にも心に強く期して、やっと中学進学をあきらめることができました。

※そうりばきの悔しさ

昭和十七年四月、大の仲よしだったS君、いつも『少年クラブ』を貸してくれたK君、算術の得意だったO君も、すもうの強かったY君も、それに「俺なんかとても」と言ってたM

君まで、気の合っていた連中のほとんどが、広島の中学に入学していきました。中学に行けなくても勉強すればと、一度は決めたもののやはり張りがなくなり淋しいものでした。

六年生のときは、男子組、女子組の二クラスだった生徒数が、女学校に進んだ女の子も含めて約半数も減り、残った高等科一年は男女組一クラスとなってしまいました。ほとんど農家の子だけとなりました。教科もこれまでと違って、男生徒は、武道（剣道）、教練（軍事教育）、農業（作業）、女生徒も、武道（薙刀《なぎなた》）、家事、裁縫などの時間がやたらと増えました。つまり軍国的な農民教育だったのです。

偶然にも、担任は、陸軍幼年学校のことを教えてくれた佐々木先生になりました。先生は、早速、学生時代の代数の本を貸してくれ、手ほどきもしてくれました。やっと勉強に打ち込む気持ちになってきました。高等小学校で習わない中学校の教科内容をどれも自学自習で身につけなければなりません。母はどこで調べたのか、東京の出版社に注文して、中学の国語、日本地理、理科などの教科書をひと揃い取り寄せてくれました。

朝、五時に起き、夜は十二時まで、やみくもに教科書の内容を覚え込もうとする勉強を始めました。もちろん飽きてしまって、一向にはかどりませんでした。自学自習の方法もわからなかったのです。

変なもので、これまで、しぶしぶやっていた薪割りや風呂水汲みの家の手伝いが、勉学よりもおもしろくなりました。机に向かっているときも、自分をとがめながら、古い『少年クラブ』の雑誌などに読みふけることも度々ありました。

夏休みにはいって、二、三日目だったと思います。午前中農事当番で、学校の畑仕事をすませ、鍬をかつぎ、泥足に藁ぞうりをひっかけたわたしは、神社の下まで帰ってきました。鳥居のむこうの石段を、今しも、二人の中学生が降りてきます。制帽に詰め襟の服、革靴を包むような白い脚絆、いつもはこの町で見ない中学生の目新しい姿です。けれど、紛れもなくS君とK君です。

わたしは思わずなつかしさに声をかけようとしましたが、ぞうり履きの自分の足元に気づいて、ひるんでしまいました。そればかりか、急いで、そばに建っている狛犬の台石のかげに身を隠していました。

S君とK君は気がつかないで、明るく笑いながら通り過ぎましたが、隠れた自分の心も姿もひどくみじめに思えてたまりませんでした。

なんとかして、陸幼に……の気持ちだけは、ますますつのりました。

※大詔奉戴日の『少年探偵団』

毎週月曜日の一時間目は、学校長による公民科「修身」の授業でした。その日は、たまたま大詔奉戴日（対米英宣戦布告の詔勅が出された日）の八日で、授業の始まる前、放送による朝会で、天皇が詔勅を読まれる声の録音が拡声器から各教室に流されました。この時は、席について首をたれ、静かに聞いていなければなりません。わたしは、さきほどから友だちに借りた江戸川乱歩の『少年探偵団』を膝にのせ、夢中で読み続けていました。姿勢だけをみんなと同じようにしていたのです。今朝はいやにみんな静かだとは感じていましたが、わたしの後ろに、校長先生の立っていることには、少しも気づきませんでした。

不意に、わたしの膝から『少年探偵団』の本が、校長先生の手に取り上げられてしまいました。

詔勅の放送が終わりました。どんなにひどく叱られるのだろう。わたしだけではなく、教室中のみんなも緊張して、不気味な静けさがただよいました。

わたしは級長でした。朝のあいさつの号令をかけなければなりません。「起立」「礼」の号令は情けないほどみじめな声になりました。ところが、校長先生は何も言わないで授業を始めました。「青少年学徒に賜はりたる勅語」の授業だったことだけは記憶しています。

青少年学徒ニ賜ハリタル勅語

国本ニ培ヒ国力ヲ養ヒ以テ国家隆昌ノ気運ヲ永世ニ維持セムトスル任タル極メテ重ク道タ

ル甚ダ遠シ而シテ其ノ任実ニ繋リテ汝等青少年学徒ノ雙肩ニ在リ汝等其レ気節ヲ尚ビ廉恥ヲ重ンジ古今ノ史実ニ稽ヘ中外ノ事勢ニ鑑ミ其ノ思索ヲ精ニシ其ノ識見ヲ長ジ執ル所中ヲ失ハズ嚮フ所正ヲ謬ラズ各其ノ本分ヲ恪守シ文ヲ修メ武ヲ練リ質実剛健ノ気風ヲ振励シ以テ負荷ノ大任ヲ全クセムコトヲ期セヨ

昭和十四年五月二十二日

このときぐらい落ち着かない授業を受けたことはありません。どんな話か全然頭に入らず、一時間中うつむいたまま別のことを考えていました。困るのは、取り上げられた本がY君から借りたものであることです。どうしたらよいのか、そのことばかりを思いあぐねていましたが、よい知恵の浮かぶはずがありません。

授業が終わると校長先生は『少年探偵団』を持ったまま校長室に行ってしまいました。案の定、Y君は「どうしてくれる」と、わたしをつよくなじりました。

二校時の初め、担任の佐々木先生が、「昼食のあと、校長室に行きなさい。悪かったとよく謝るのだぞ」と教えてくれました。どうやら返してもらえそうなので、少しほっとしました。

昼時間、校長室の前に立ったときは、今度こそ、ひどく叱られるだろうという覚悟で、またも緊張して固くなっていました。

入り口の戸は開いていました。

静かに部屋に入り、衝立《ついた》ての横から、

「高一の田川、来ました」

と校長先生の方を見ました。校長先生は、机の向こうで椅子を横に向け脚を組んでふんぞり返り、眼鏡をひたいにあげた格好で、今しも、読書に夢中のようでした。いつもは謹厳そのものの先生だと思っていただけに、意外な姿に見えました。

「あっ、来てたのか」

校長先生は、あわてて組んだ脚をおろして読んでいた本を机に伏せました。その本がなんと『少年探偵団』でした。ページのめくり具合からみて、物語はいちばん佳境に入った辺りです。

――校長先生だって、『少年探偵団』はおもしろいんだ。

わたしは、その本を見つめながら、今朝のことを神妙に詫びました。校長先生は、照れくさそうに本を閉じて手渡し、「うん、まあ、本は読んでもよいが、君は陸幼を受けるというじゃないか、気を抜かないでがんばるんだな」怒られるよりも励まされた感じでした。

「大詔奉戴日に」「天皇陛下のお声を聞いてる時」だからこそ、わたしはひどく怒られると覚悟だけはしていました。また、そう考えるように先生方から教わっていたのでした。

けれど、そんな意味のことを、校長先生はその時、一言も言いませんでした。

※死を美化する（恐怖から逃がれるため）

軍国主義教育では「国のために、天皇のために、いかに潔く死んでいくか」ばかりを教わって、「どのように生きるか」の教育は、これっぽちも教わりませんでした。

実際にも、国全体が戦争にまきこまれているのですから、おとなも子どもも死と隣り合わせている思いの毎日でした。

軍人を志望したものの、子ども心に、やはり「死」は恐ろしく、深刻で悲壮なものでした。しかも、そのことを洩らすことは、男子にあるまじき女々しいことだとの教育もまた、たたきこまれていました。

あとは心のなかで、いかに恐怖をそらして死ねるかの覚悟をつくる努力だけでした。

真珠湾の米戦艦に、特殊潜水艇で体当りして戦死した九人の海軍将兵の戦功は、当時大々的に報じられ九軍神とあがめられました。わたしの当時の日記にも、

「今日も、軍神の新聞記事の切り抜きを貼ったり雑誌の話を書き写した」

と記しています。わたしの関心事は、その人たちが、死の恐怖をどのようにのりこえてい

るかをさぐることでした。わたしだけでなく、当時はみんな、戦争参加を鼓舞する唱歌や軍歌にも、本能的にそれをもとめていました。

小学四年のとき、担任の白鷺先生が教えてくれた「靖国神社」の歌は、今も、先生の男らしい低音の声とともに思い起こします。

「花は桜木　人は武士、その桜木に囲まれし大靖国の御社よ、御国のためにいさぎよく花と散りにし　人びとの、魂は　ここにぞ鎮まれり」

死を荘厳に美化した歌曲だけに、心に残った歌でした。

「桜」は、いさぎよく美しく散る「死」の象徴として軍歌の歌詞に無数に使われました。

「菊」は天皇、「星」は陸軍、「錨」が海軍、死を「玉砕」といって美化しました。

「若い血潮の予科練の　七つ釦《ボタン》は桜に錨」（若鷲の歌）

「花もつぼみの若桜　五尺の生命ひっさげて国の大事に殉ずるは　我ら学徒の面目ぞ　ああ紅の血は燃ゆる」（ああ紅の血は燃ゆる）

「梅に桜にまた菊に　いつも掲げた日の丸の　光あおいだ故郷の家　忠と孝とをその門で誓って伸びた健男児」（日の丸行進曲）

「水漬《みづ》き草むす殉忠の、屍《かばね》にかおる桜花」（進軍の歌）

「友よわが子よありがとう
誉れの傷のものがたり
何度聞いても目がうるむ
あの日の戦に散った子も
今日は九段の桜花
よくこそ咲いて下さった」（父よあなたは強かった）

「死」に雄々しく立ち向かう心は、少年小説でも培ったものです。
「おしまれて散るを桜のほまれかな。散るにいさぎよい桜の花が、帝都東京の空に、ふぶきのごとく風に舞いはじめた。……」（山中峯太郎『亜細亜の曙』）
峯太郎の作品には、ほかに『敵中横断三百里』や『見えない飛行機』。南洋一郎の『密林の王者』、平田晋作の『新戦艦高千穂』、海野十三の『怪鳥艇』など、樺島勝一の精密なペン画の挿し絵とともに、いずれも、軍国少年たちに血わき肉おどる思いをさせた小説でした。
「侵略戦争」も「聖戦」と美化し、「東洋平和のため」といって国民をかりたてました。

「戦争《いくさ》する身はかねてから

捨てる覚悟でいるものを
鳴いてくれるな草の虫
東洋平和のためならば
なんの命が惜しかろう」（露営の歌）

「東洋平和のためならば
なんで泣きましょ国のため
散ったあなたの形見の坊や
きっと立派に育てます」（皇国の母）

戦争指導者はいつの場合も「平和のため」の「戦争」だといいます。「カンボジア平和のためならば武力行使も」の派兵になる危険を感じているのは私だけでないと思います。

※満蒙開拓義勇軍への教育

昭和十八年四月、高等科二年、担任の先生は新しく赴任してきた檜山先生に変わりました。背は低いが、満身火のかたまりのような熱血あふれる先生でした。赴任するまえに、茨城県水戸市の満蒙開拓義勇軍内原訓練所で講習を受けたばかりだったようで、その教育を熱情こめて実践した先生でした。上半身裸になり、先生の合図で、

「大和ばたらき、はじめっ」

「ひ、ふ、み、よ、い、む、な、や、こ、の、と、もも、ち、よろず」

号令に合わせて手足の屈伸体操をします。そして、

「あっぱれー、あなおもしろー、あなたのしー、あなさやけー、おけー」を復唱し、最後は、「すめらみこと（天皇陛下）のいやさかー」と三唱します。教室の黒板の上には級訓として

ふくろしおいの心（注・袋背負いの大黒様の心）
かんながらの道

の言葉が掲げられ、何度もその心がけを聞かされました。

最初はずいぶん奇異に感じたものでしたが先生の熱情には文句も言えず、みんな次第に巻き込まれていきました。

「拓《ひら》け満蒙、行け満州へ」の標語のもとに、十三歳から十九歳の青少年を全国から募集し

た少年義勇軍は、中国侵略の片棒をかつがされました。その募集要項には、次のように書かれていました。

わが純真な青少年諸君が満州に渡り、大陸の新天地で農業を通じて心身の鍛練をはげみ成長してからは満州開拓の中堅人物となることは、小さく見れば青少年諸君の身を立てる為でもあり、大きく見れば我国とその兄弟国である満州国との双方の発展に役立ち、ひいては東洋平和の礎を築くことになるのであって、これこそ男子としての大きな喜びでありましょう。……

卒業と同時に、中野君と神川君は義勇軍に志願し内原訓練所に入所、その後、満州に渡っていきました。うち中野君はついに還らぬ身となりました。享年十六歳の少年でした。

※「海兵団」に体験入団

高等科二年になると、級長だけでなく、学校全体の校友長にも任命されました。毎日の朝会には、千人近い全校生徒に「宮城遥拝」の号令をかけました。出征兵士の壮行式や町葬が行なわれる度に、重い校旗を右腰でささえ、全校生徒の先頭に立ちました。神社での儀式には、生徒代表でうやうやしく榊《さかき》の枝を捧げることも度々でした。

この年の八月、わたしの日記には一週間の空白があります。

当時、県下の全学校から高等科二年の少年一名ずつを選抜し、呉の海兵団に一週間の体験入団をさせました。いわば、海兵団の宣伝であり海の少年兵募集候補の養成でもあったのです。今日でも、自衛隊が高校生を体験入隊させて宣伝しますが、まったく同じねらいのようです。

わたしは、これに選ばれました。わたしも両親も、選ばれただけを単純に喜びました。特に父は海軍出身だけに、兵団生活のきびしさなどを行く前から話し聞かせました。

入団当日の朝は、担任の檜山先生につれられ国鉄の駅までバスで行きました。そこで他校の生徒と合流し、知らない先生に引率され呉までは列車で行きました。海兵団営庭での入団式には百人もの選抜生が整列しました。

緊張はしたものの、兵団の生活は楽しいものでした。

磨かれて光るアルマイトの食器に盛られた洋風の食事は、貧しい農村の少年たちには珍しくおいしいものでした。

若い下士官が一週間、班専任の指導教官となって、親切に教え面倒をみてくれました。年齢も態度も、みんなの兄貴のような感じでした。

ハンモックの出し入れと、それによじ上って寝ることには、いささかてこずりました。けれど、翌日の地方新聞に、自分もふくめ、ハンモックで寝ている数人の写真が大きく報じられ、あとあとまで話題になったものでした。ほんとに偶然でしたが、となりのハンモックに従兄弟の谷川和也も写っていて、新聞を見てからお互いをたしかめ合うといったこともありました。

軍港に停泊している戦艦や潜水艦の内部まで見学でき、呉の飛行場では、戦闘機の操縦席に座ったりもできました。これまで少年雑誌のグラビアでしか知らなかったことですから、見ること聞くこと触るものが、みな格好よく眩しく感じました。

プールで水泳指導がありましたが、選抜生のほとんどが泳げたので、指導教官が、

「君たちはさすがに選ばれただけのことがある。立派だ。入営する大人の水兵でも泳げない奴がいる」

と誉めたりもしました。

父の話した兵団生活の厳しさや辛さは、一週間の生活では、ほとんど感じませんでした。一度だけ営庭の隅で、水兵を殴っている上官の姿を見ましたが、目の前の親切な兄のような教官とは別世界の士官に映りました。

一つだけ意外に感じた話を思い出します。たしか最後の晩だったと思いますが、全員大食

堂に集められ、はじめて将官があらわれ訓示をしました。

「新聞には書かれていないが、日本は勝ってばかりいるのではない」と述べ、ミッドウェーやソロモン沖海戦の敗退、山本五十六連合艦隊司令長官戦死のことなどを話したと記憶しています。

趣旨は〈君たちも真剣な決意をかため、戦争に参加、協力してほしい〉の意だったと思いますが、わたしは、連戦連勝の日本軍は決して負けたことがないと信じていただけに、「新聞に書かれていない本当の事実がある」という事はこれまでにない心の衝撃でした。

一週間の海兵団生活が終わった翌日の新聞には、入団体験とその感想を綴った何人かの生徒の作文も掲載されました。内容は忘れましたがわたしの作文も載りました。退団前夜に全員が書かされたものでした
帰校してみると、みんなの評判にもなっていました。学級では、わざわざ時間をとって報告もさせられました。わたしは得意になって、日本海軍のすばらしいことや、少国民の責任や決意までも考えてしゃべりました。
二、三日して檜山先生は、「田川は、海兵団にいってから態度がすっかり変わったぞ」と、みんなのまえで誉めたりもしました。わたしは、ますます自分で自分を勇ましい軍国少年にみせていくような羽目におちいっていきました。それにしても、見事なくらいに仕組まれた

軍国主義の体験教育であったし、海軍の宣伝でもあったと思います。

〈補〉被爆地の「勅語」悲話

今年の夏、旅先の長崎の本屋で、城山小学校の原爆被災記を見つけた。爆心地から五百メートルの高台にあった城山小学校は、瞬時に鉄筋三階建ての校舎が破砕消失し、登校させていなかったものの、在籍児童千四百余名は学区内の家庭で、教師二十六名は勤務中の校舎で被爆し、そのほとんどが爆死した。生き残ったものは僅かに教師三名、児童五十余名にすぎないという。

「校長室では校長と教頭、他に三人の女子の先生が、宿直室勤務について話し合っており……校長室の一名の生存者は全く奇跡としかいいようがない。しかし本人は被災後、かなり顕著な放射能障害の症状が出て苦しんでいる」

とある。奇跡の生存者とは、実はこの報告書をまとめ、その後故人となった荒川教頭自身なのである。「荒川教頭は生死の境にありながら、後生大事に教育勅語の包みを背負っていた。その時のことを彼はこう語る。

――とにかく誰か元気な人にこの教育勅語を頼もう、そして、自分が死んだら市の学務課に届けてもらおうと思っていた。幸いにも教材店の鳥越さんが、家族を探しているとかで、ここに来合わせた。彼にわけを話して預ってもらった」

わたしは読んでいて、教育勅語を背負った教頭さんの瀕死の姿が妙に悲しく思えて仕方がなかった。

＊

同じ被爆地、広島郊外の小学校でわたしが教職についたのは戦後四年もたってからだが、つぎのような校歌をまだ歌っていた。

「三千年のその昔、神武《じんむ》の帝《みかど》留蹕《りゅうひつ》の、御跡《みあと》は代々《よよ》に伝わりて、安芸《あき》の国府と栄えたる、ゆかりの里の学び舎は、これぞわれらが園生なる」

学校のすぐそばの小高い丘の上に、りっぱな神社があった。わたしは、写生の授業と称しては子どもたちを連れてよくその辺りを散策したものである。戦時中は、神武天皇東征途次、駐在した由緒ある地として盛んに皇国神事の挙行された神社である。

太平洋戦争開始の翌年、昭和十七年十二月八日は町をあげての大詔奉戴日となり、学校長はこの神社境内で、町民、生徒を前に「宣戦布告」の詔勅を読むこととなる。ところが学校長が桐の箱から恭しく取り出し、いざ読み始めようとした詔書は「教育勅語」だった。学校の奉安殿から持ち出すとき詔書の箱を間違えたのである。校長がどんなに暗記していたとしても、ついに最後までは読めなかったという。

校内の式典なら、まだ繕いようもあっただろうが、町長はじめ県のお偉方までいた場面だけに大失態のそしりは逃れようもなかった。

寒月冴える三日目の夜、校長夫妻は自宅の庭にむしろを敷き、そこで自害したという。

実はこの話を、私は二年間の在職中に誰からも聞かされなかった。知ったのは、上京して、同町出身の被爆者からである。不名誉だという町ぐるみのタブーが戦後も続いていたと思えてしかたがない。

〈第Ⅲ部〉平和のための教育実践

1　主権者の人格形成は教育の原点

ある身体障害者のひとりは、

「戦争が起きると、わたしたちは一番の邪魔者扱いにされる」

と語った。

平和への要求の強さと人権の尊さを、理くつでなく、自分のからだや生きざまからとらえた発言だけに、鋭くしかも重いことばとしてわたしたちに迫ってくる。

＊

ヒロシマで原爆に遭遇しかろうじて生き残った当時の学生が、今はひとりの父親として、三〇年後の夏、中学生の息子をつれ被爆現地を訪れた。これまでも、父親は折にふれてはわが子にヒロシマを、原爆を、平和へのおもいを語りつづけてきたが、わが子がどこまで切実な自分の問題としてつかんでくれているのかの、確証みたいなものはつかめずにきた。

「この辺いったいは、とうさんたちの学校の寮が建っていたし、多分このあたりにとうさんの寝台や机もあった。となりの寝台にいた学生は、とうさんの名を呼んでふきとばされた。即死だった」

現在は明るい市営住宅の並ぶ土地の一角で、父親は三十年前のあの日にかえって問わず語りを始めていた。その間、中学生の息子は黙ってきいていたが、その場を去るときになって、

「おとうさんがここで死んでたら、ぼくもこの世にいないんだな」

短いことばだったが、息子が初めて自分のことばで、父親の被爆を自分の命の存在にかかわらせて表現したと、父親には思えたのである。

＊

日本の政治が戦争遂行にと一途に拍車をかけた時代、教育にもまた、軍国主義的な人格形成のための、ありとあらゆる網の目がかぶせられていった。

もの心つくかつかぬかの幼ない子どもの大脳皮質に「ボクハ　軍人　ダイスキヨ、イマニ大キクナッタナラ……」の軍歌が刻みこまれ、学校教育の最初から、「ススメ　ススメ、ヘイタイ　ススメ」の教材が登場し、ラッパ手「キグチコヘイ」の逸話や「爆弾三勇士」「水兵の母」などは、文学的感動さえともなって教室で朗読され学習させられた。しかも、子どもたちは、こうした内容を、自分のことばとして、自分のからだを動かす遊戯や演技と

して、学芸会や運動会に表現をしたのである。

このような小さい時からの軍国主義教育の「成果」は、男子卒業生全員の志願兵応募という「教育美談」をつくり出し、やがては、爆弾もろとも自分の命を敵艦にぶつける特攻隊員の悲劇的な人格までも形成していったのである。

＊

〝平和教育が人間形成にどうかかわるか〟の主題も、実は〝平和と命の尊さ〟が、児童生徒の知識や観念だけにとどまるのでなく、「からだ」「こころ」「くらし」の中に、つまり〝生き方〟として、どのように血肉化していくかを志向している。

人間の性格や感情の大かたは、幼児の段階でつくられるという。ぶよぶよとした新しい大脳の皮質に、性格や感情にかかわる体験が鮮明に刻みこまれて一生消えないからであろう。大人は、どんな時に喜び、どんな時に悲しみ、どんな時に怒るのか。人の心の何があたたかく、何が冷たいものなのか。人間の何が美しいもので、何が醜いものなのかの感情を、知らずしらずのうちに身につけていくのである。

幼児教育や家庭教育で培われるこれらの人間感情は、子どもが成長するにしたがって学びとる価値観と共に、やがて、理不尽なものへの怒りとなり、侵略戦争をおこそうとするものへの怒りともなり、平和実現へ共にたたかう人間（仲間）の連帯感にも育っていく。

芸術は、人間の感性に直接はたらきかけ、内側から意識をゆさぶる。しかも、具体的な声で、音で、色で、形で、ことばで、動きで、映像などで組みたてられる具象的な表現でもある。

子どもたちが、戦争児童文学を読み学習することの意味は、すぐれた作家の言語形象から、現実には体験していない戦争という極限状況のなかの作中人物の生きかたを、あたかも、わがことのようにまざまざと準体験できることにあるだろう。平和と命の尊さを、そこで感動し、実感する子どもの人格形成に期待をかけるのである。

内側からゆさぶられた子どもの心は、表現の教科、分野と連鎖した時、いっそう確かな体得をみせる。作文で、音楽で、美術で、舞踊で、演劇で、子どもたちは、人間の感情、意志、行動、生き方を、自分の声やことばで、自分のつくり出す音や色や動きで表現できる。他からの刺激や指導で表現されたものであっても、子どもがいったん自己表現したものは、子どもの内部に血肉化していく。

子どもたちが、やがて、自分のことばで戦争を告発し、自分のからだと行動で平和を守りつくり出していくような人格の形成も、こうした基礎的な表現力（学力）を育てる教育から始まるのである。

＊

平和教育は、戦争を体験した一部の篤志教師の教育に終ってはならない。日本国憲法や教育基本法が述べている「平和と民主主義をめざす国民主権者」の育成は教育の原点であり、日本のすべての学校のすべての教室ですすめられねばならない課題である。

平和教育を、すべての教科で、すべての分野でという主張も、ただ方法の多様さを求めるだけにあるのではない。平和と命の教育は、人間生存の未来にかかわり、子どもの知育、美育、徳育、体育の全面にかかわり、日本のすべての子どもの人格形成にかかわるからなのである。

2　文学教育と状況の認識

小学校国語教科書の平和教材として知られている『おかあさんの木』の作者、大川悦生さんの作品に、『火のなかの声』というのがある。（ポプラ社文庫『おかあさんの木』に所収）

＊

一九四五年三月九日、卒業式が近づいたサブやアキたち六年生は、疎開先から東京の下町に帰ってくる。なつかしい家族との久しぶりの夕食や歓談もつかのま、その夜、東京大空襲の火に包まれてしまう。

父を戦死でなくしているサブは、小さな魚屋をやっていた母と二人だけで、手をとりあって炎の中を走る。

「……かあさんは、もえてたおれた板べいにつまずくと、いっそうくるしそうに顔だけあげて、

『おまえ、ひとりで、はやくにげな。もう、じき、川だよ。はやくにげな。』

と、いうたと。サブは、それでもなんでも、

『おれ、かあちゃん死なせて、たまるかい、たまるかい。』

というて、かかえ起こして、こんどは、おぶうようにして歩いたと。

だけど、やっぱり、むこうの川までにげのびることができんかったと。

どうもこうもならない火のなかにつつまれ、右も左も、まえもうしろもいきようがなくなって、かあさんはバッタリたおれるし、サブも、もう一歩も歩けなくなっておった。さいごに、サブは、じぶんのからだがにえくりかえって、焼けていくのを感じながら、かあさんをしっかりかかえ、

『しゃっくだなぁ。おれ、はやくおとなになって、でっかいさかな屋になって、かあちゃん、らくさせようとおもってたんだぞ。ほんとだぞぉ！』

とさけぶと、それっきり、まっかな、あついほのおのなかへのみこまれてしもうたと。……」

＊

父母も参観している小学校四年生の教室だった。

作品も最後の方の場面である。子どもたちの発言がつづく。

マミ「サブは、『おかあさんを死なせてたまるかい』と、最後まで、ひっ死で母を助けよ

うとしている」

シンヤ「魚の頭でもかぶりつくような、あばれんぼうのサブが、やさしいし、すごい」

マイ子「でも、こんなおもいをして死ぬなんて、とてもおそろしい。かなしい」

子どもたちは、表現されたことばに即し、作品の世界を、見ているように、聞いているように、思っているように、あたかも自分がそこに居合わすかのように読みとっている。

レイ子「わたしだったら、どうしたか。母に逃げなさいと言われたら逃げたかも」

ユウ子「わたしは、逃げて行く勇気もない。だから、お母さんといっしょに死んじゃう」

ツモル「ぼくは逃げたい。死にたくないよ」

子どもたちが、作品に同化すればするほど、しぜんに出てくる発言だろう。友だちとの意見の対立というより、自分自身の内面の葛藤である。それだけ、作品の場面というより、この事実は深刻である。教室全体が、重苦しい雰囲気につつまれてしまった。

参観している父母たちにも、わが子がどんな感じ方や考え方をしているのか、かと言って、それを聞くこともこわいような複雑な表情がただよう。教師も、逃げろとも、逃げるなとも、うっかりは言えない。授業は、とんざし、出口を失ってしまったかに思えた。

活路をあたえたのは、タケシの発言だった。とつぜんのように立ち上がると、

「ぼくは、どちらも、いやだよ。だって、お母さんをおいて逃げるのも、焼け死んじゃう

のもいやだよ。……うまく言えないけど、こんなことに、ぜったいならないようにすればいいじゃないか」

タケシが、「どちらもいやだ」と言ったとき、まず、子どもたちが大きくうなずいた。こんなあたりまえのことを、なぜ言えなかったのか、ふしぎだというような解放感さえ見せた。「こんなことに、ならないようにすれば」のタケシの言葉は、親や教師を大きくうなずかせた。それは、おたがいおとなの責任も問われている共感でもあった。

＊

子どもの平和への意志を育てていく、文学教育の独自な役わりは、いったい、どんなところにあるのだろうか。

すぐれた文学の表現の特質は、単に情報や知識や、抽象的な理論や観念でもなく、ことばで表現されながらも、きわめて具体的、形象的な、場面や状況のなかの人間の描写にある。だからこそ、読み手である子どもたちは、作品世界をありありと想い描き、感情をゆさぶられる。すぐれた作品は、直接子どもの意識にはたらきかけ、人格にはたらきかけていく教育力をもっている。

戦争を描いた文学は、極限ともいえる状況に追いこまれた人間が、どんなに苦しみ、悲しんだか、どんな思いで死んでいったかを、子どもたちに、自分のことのように準体験させる。

そして、戦争を憎み、不当なことの悲しさといらだたしさ、怒りをかりたてる。

しかし、戦争という殺し合いの世界は、きわめて悲惨であり、残酷である。その真実も非人間的な状況のなかにある。その世界に埋没し、人間の悲しい真実に感情移入し同化するだけでは、状況を抜け出すことのできないことを、この授業で子どもたちがさとらせてくれた。

感性の教育といわれる文学作品の指導も、単なる感傷・心情の読みに終わってはならない。人間がどんな状況のなかで、どんな意志をもって生きたか（死んだか）の視点を忘れてはならない。さらには、人間が人間として生きられる平和のすばらしさや美しさを保証できる状況をどうつくりだすかも志向していかなくてはならない。

3　平和と文学教育

※今、子どもたちの状況は…

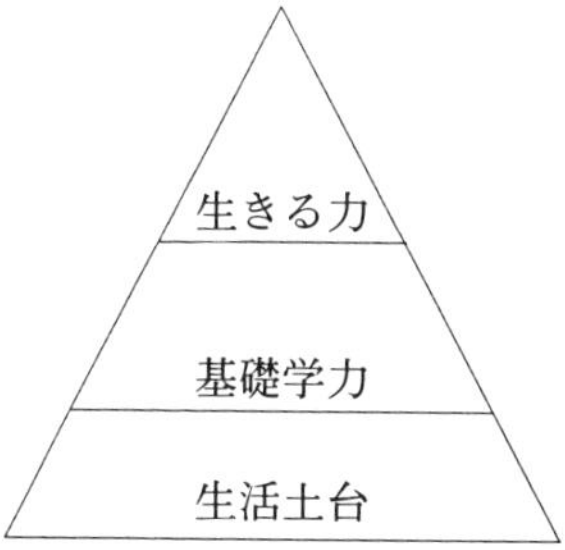

子どもたちの生活土台ともいうべき、からだ・くらし・こころのありかたが、家庭や地域の教育力の衰退によってくずれはじめ、その上につみ上げなければならぬ学校教育での基礎学力も十分に身につかず、子どもたちは何のために学ぶのか、何のために生きるのかの展望をも失っている。こんな、子どもたちのくずれのすきまに、危険なファシズムの動きが、巧妙な形でしのびこんでくる。

ひとりの園児が手のひらの砂を、鉄棒にさかさにぶらさがっているいまひとりの園児の耳の穴の中に、せっせとつめこんで遊んでいたという。人間の耳の穴が、石垣の穴ぐらいにしか見えていないのだろうか。

教室で、貧困と飢えによる栄養失調のために、腹部だけがふくれ、あとは骨の飛び出しそうにやせ細ったからだをしたアフリカの子どもたちの写真のパネルを見せたら、

「こんなのは、いっぺんに殺してかたづければいい。みんながさわいで、ユニセフ募金なんか出さなくてよい」

といった小学生もいる。

万引きをした子の親が、店の人に「返せばいいんでしょう。返せば……」と、わめきちらしただけだったという。

戦争、戦後の貧しさの中で、「物さえあれば」が、いつのまにか、「物で解決すれば」になり、やがて、人間の命や心までもが物に見えるようになったのだろうか。戦後の経済中心の高度成長政策によって、ただ物的（ものてき）な価値観が、おそろしいほどに巣食っている。

「そこの集まりに行くと、黒眼鏡をかけた兄さんが、抜き身の日本刀をもたせてくれて、思いっ切り、わらスボをたたっ切る快感を与えてくれる」（ある中学生の報告）

自衛隊をチビッ子たちに見学させ、殺人兵器である機関銃の台座に肩をあてさせる。うす気味悪いが、心にずっしんとくる感じは、同じなのではないか。

そこの人たちは、ことばは乱暴でも、きっぱりと行動のしかたを教えてくれる。数学がわ

からないからとせめられることもない。むしろ、せめられる世界からのがれた者同士の連帯感さえ生まれる。そこには、規律のある集団がある。リーダーがいる。学力による差別を感じさせない。触っている、行為しているたしかさがある。冷たいメカニックなかっこうよさは美的な感情をもくすぐる。

いくつもの幼稚園や保育園の卒園祝いに、きれいな絵本『十二の誓《ちか》い』が無料で配られている。

「父母ニ孝ニ、兄弟ニ友ニ、……」教育勅語の徳目の絵ときである。のどかな家庭の情景がきれいな色彩で描かれていれば、疑問も感じないで読み進む若い母と幼い子は少なくないだろう。ところが最後の絵は、「(一旦緩急アレ(バ)) 義勇公ニ奉シ《ジ》」となり、災害救助で活躍する自衛隊の姿が巧妙に登場してくる。しかも、巻末には父母むけに「教育勅語」全文と、その解説が載せてある。

わが子の成長を願い、多くの親は「お宮参り」や「七五三」を祝って明治神宮に参拝する風習がある。そこでは――親と子のたのしい絵本――『めいじじんぐう』がもらえる。

明治天皇と昭憲皇太后を神としてたたえ、明治以来の富国強兵の政治が、どんなに外国に負けないすばらしい国にしたかを絵ときし、「教育勅語」の十二の徳目を出し、いきなり現代にとんで「七五三のおまいり」の絵となっている。

そこには、明治以来現代まで、日本はなんら大きな間違いを起こすことなく成長発展しつづけているとする歴史観がある。皇国的国家主義が日本国民を不幸な戦争にまきこみ、他国にまで侵略したその反省や、そこから出発した新憲法による民主・平和国家への転換の事実は、意図的に抜き去られるのである。

誕生から、七五三、幼児教育、学校教育はもちろん、非行化する子どもたちにまで、皇国主義的ファシズムは、一見きれいなベールをかぶって静かではあるが、かなり確かな足どりで浸透してきている。

※軍国主義を浸透させた文学的感性

一八七九年（明治十二年）明治政府は天皇の名で、「専ラ仁義忠孝ヲ明ラカニシ道徳ノ学ハ孔子ヲ主ト」する教育を行なえとする「教学聖旨」を出している。

これは、その後の教科書政策にも大きな影響を与えたものであるが、その小学条目二件の第一には、つぎのように述べられている。

「仁義忠孝ノ心ハ人皆之有リ然トモ其ノ幼少ノ始ニ其脳髄ニ感覚セシメテ培養スルニ非レハ、他ノ物事已《スデ》に耳ニ入リ先入主トナル時ハ後奈何《イカン》トモ為ス可カラス……」

昭和ひとけた世代は、もの心つくかつかぬかの幼児期に、軍人を美化し戦争の勝利をたたえる童謡や軍歌を口ずさみ、絵本も雑誌もおもちゃまで軍国調のものにとりかこまれて育った。文字どおり、他の物事が先入主となる以前に、脳髄に感覚せしめられ、培養させられたのである。

就学早々に、例の「ススメ　ススメ　ヘイタイ　ススメ」を国定国語教科書で教わり、らっぱ手「キグチコヘイ」「兄さんの入営」「爆弾三勇士」「水兵の母」などの教材が、感動をもって朗読され、教えられた。

「国語は、児童の情操を養う教科の中でも最も重視された教科であったから、その美しい文学的表現のうちに、児童を知らず知らずのうちに国家主義的なものへ引き入れようとするこころみがなされた」（唐沢富太郎『明治百年の児童史』講談社、一九六六年）

子どもたちは、ただ国語読本を読むだけでなく、その内容を自分のことばとして、自分のからだを動かす演技として、遊戯や舞踊や演劇として、学芸会や運動会で表現したのである。

「……より文学的に、より劇的に叙述された国語教科書の児童への影響は、はるかに深く大きいものであった」（唐沢富太郎・前掲書）

このような小さい時からの軍国主義教育の成果が、やがては、爆弾もろとも自分の命を敵艦にぶっつけ、国のために生き方すべてをかける特攻隊員の人格まで形成したのである。

※平和教育における文学教育の役わり

戦後、日本の民主教育がつみあげてきた平和教育の目標には、つぎの三つがあげられている（日本平和教育研究協議会の論文、日教組・国民教育研究所編『平和教育教材資料』など）。

1　戦争のもつ非人間性、残虐性を知らせ、戦争への怒りと憎しみの感情を育てるとともに、平和の尊さと生命の尊厳を理解させる。（感性的な認識）

2　戦争の原因を追究し、戦争をひきおこすその本質を科学的に認識させる。（知的な認識）

3　戦争を防止し、平和を守り築く力とその展望を明らかにする。（実践的な認識）

すぐれた文学は、ことばの形象的表現でもって、直接、読み手の感性にはたらきかけ、心をゆり動かす力をもっている意味から、文学教育が、1の目標を達成するうえで大きな役わりをもつことはいうまでもない。

本書（注・『平和を教える国語の授業』日本文学教育連盟、一九八三年）にも、戦争・原爆、そして人間を描いた文学作品を子どもたちに読ませ、命や平和の尊さにかかわる感情を育てる教育実践を掲載しているが、主として、この目標追究の実践だといえる。

しかし、平和教育の三つの目標・認識の側面は、それぞれ独自の内容や分野をもちながらも、同時に、相互が不可分の関係にあって、全体として平和教育の目的が達成されるという点をも見落としてはならない。

それは、すぐれた文学作品によって、子どもたちの得る認識が、単に感性だけにとどまるものであるのかどうかという問いでもある。

すぐれた文学は、ただ単に、人物の気持ちや感情だけを描いているのではない。生きている人間を描こうとすればするほど、人間をとりまく状況、つまり、自然や社会や、時には歴史の本質にもせまった描写をしなければならない。作者はもちろん、読者にとっても知的な認識にかかわる内容が、当然そこには存在せざるを得ない。

日本文学教育連盟が、ここ数年来、「ゆたかな感情とたしかな認識を育てる文学教育」を全国集会のメーン・テーマにかかげているのも、そのことを内容にしているからである。また、連盟の綱領の第一に、

「わたしたちは、文学教育をとおして、人間と生活に対する正しい理解や認識を得させ、同時に豊かでみずみずしい感情をそだてることに努力したいと考えます。(後略)」とかかげているのも同じような考え方にたっている。

原爆詩人、峠三吉の詩に「題のないうた」というのがある。

いま

その時がきた！

ジャングルの夜更け
帰れない故国をおもい
生きて会えなくなった母や女房をしのびながら
歯を噛んで河西たちがつぶやいた
「あのとき命をかけて反対すべきだった」
ということば、
その「あのとき」が
もうやってきた
俺もおまえも
せんそうに命をかけて反対すべきときが
はっきりやってきたぞ
……〈後略〉

（『反戦詩歌集』第一集、一九五〇年、反戦詩歌人集団準備会発行）

今日の政治動向が、次第に右傾化をして、もはや戦争前夜かとさえ思わせるようなとき、この詩は、戦中から生きてきたわたしたちに、きわめて的確な鋭い警告とよびかけを発しているると言えないだろうか。

すでに三十年前、故人となった峠三吉が、なぜ、今日の状況に、これだけ鋭いことばをくいこませることができるのか。

彼は、二十八歳のとき広島で被爆、戦後、民主的な文化運動に参加し、朝鮮戦争が始まるさなかで、「にんげんをかえせ」「墓標」に代表されるような、反戦・反原爆の詩を一挙に書いていった。彗星のように現れたが、戦後をわずか八年しか生きられず、肺葉切除の手術中に三十六歳の若い生涯を閉じている。

すぐれた文学は、けっして、その場だけの描写ではない。その時どきに流れる人物の感情や思いだけの表現でもない。きわめて、個別的で具象的でありながら、そこには、人間としての普遍的真実がこめられ、自然や社会や歴史のありかたに人間がもろにぶっつかってきた典型的な生き方が描かれる。

峠が、今日の政治状況まで見すえるほどの叫びをたたきつけた感性的表現力は、一方では彼が人間や社会や政治そして歴史の本質をも見すえた、理性的科学的認識力が裏づけにあったからにほかならない。

3の目標である「戦争を防止し、平和を守り築く力とその展望を明らかにする」実践的な認識と、文学教育とのかかわりについても、同様にけっして無関係ではない。

もともと文学は、直接、読み手の行動を指示したり、規制したりする強制力をもつものではない。

しかし、また、すぐれた文学は、読み手の意識にはたらきかけて、人間の生き方やその真実を、内面からゆさぶる力ももっている。

戦争や原爆投下という極限状況における生や死の描写は、戦争や原爆が、あるいは命や平和が、人間にとってどんなものであるのか、人間が人間らしく生きるとはどんなことなのかを、具象をとおして考えさせるはたらきをもっている。

戦争児童文学を読む教室の子どもたちが、感動を発表したり、感想や意見を作文に書ける表現力も、実は、作品の内容が読み手の意識にはたらきかけている結果なのである。

自分のことばで、読んだ感動や人物の生き方にかかわる考えを表現することは、すでに内容の単なる理解をこえて、自分の行動表現（実践）への一歩をふみだしているのである。

文学による感動が、表現や行動を内がわから喚起し、生き方をも示唆する教育力を考えたとき、平和教育のなかではたす文学教育の力は、きわめて重要であるといわねばならない。

※「軍縮教育の課題と新しい文学作品の発掘を

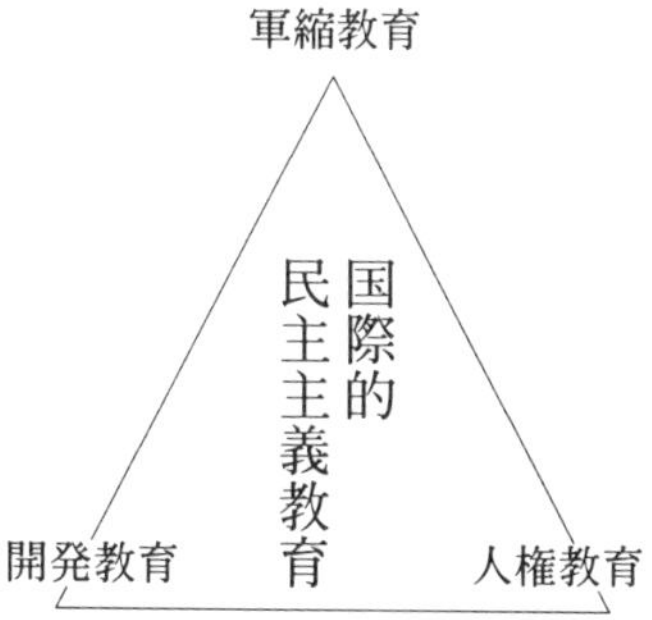

核兵器を中心とする軍拡競争の危機的な状況にたいする世界人民の認識のひろがりが、「軍縮を教育の課題とする」国際的な動きとなり、すでに、一九八〇年には、日本の民間団体も参加したユネスコ主催の「軍縮教育世界会議」も開かれている。戦後、つみあげてきた日本の平和教育を、国際的な軍縮教育の観点から、いっそう発展させる研究と実践が、国内的にも強く求められるようになってきた。

この章では、軍縮教育の考え方や視点を紹介し、最後に、それにかかわって文学教育の新しい課題にふれてみたい。

① 軍縮教育

「軍縮」というと、日本語の場合は軍備縮小または軍備の制限だけにとられがちだが、国際的には、軍備の「廃絶」「撤廃」までを意味している。しかも、核兵器の開発と配備の状況を考えるとき、「軍縮」は、きわめて緊急の課題であり、積極的で具体的なものをつきつけている。平和とは、戦争のないこと、戦争を起こさせないことといった一般的抽象的な考え方にとどまるのでなく、現在の世界情勢のなかで、どのようにして戦争をくいとめるのか、どのようにして軍備を縮小、撤廃して平和を実現させるのかの具体的な方策までふくめたイメージをつくりだす教育をせまっている。

また、「軍縮」を教育の内容にすることによって、軍縮そのものを民衆のものにして近づけることになる。従来、「軍縮」といえば、国家、政府間の外交の専門的な問題として、とうてい民衆の声のとどかぬものとしか考えられなかったが、軍縮教育によって、軍縮についての政策を民衆みずからのものにとりこむ可能性をひき出そうとしている。

これは、国際的民主主義の教育でもある。

従来、日本では「平和教育」というと、ややもすると、戦争のことだけを中心に、その悲惨さや歴史的事実についての知識と考察の教育だけにとらえられがちだったが、軍縮教育では、図でも示しているように、戦争を起こさせない具体的対策を考えさせると同時に、「人権の教育」および「開発・国際連帯の教育」と切りはなせない関係にあることを強調している。

② 人権の教育

平和がおびやかされ、戦争がひきおこされるとき、かならず人間の基本的自由と人権がふみにじられることは、第二次大戦の時のナチや日本の軍隊が何をしたかをみれば明らかである。宗教、人種、思想に対する抑圧ばかりか、戦争は、人間を残酷な非人間につくり変え、しかも人間の生存権をも否定し殺りくした。

「戦争が、多くの障害者を生みだすことはもちろんだが、弱者や障害者は、真っ先に役たたずとして差別され迫害される」

「もともと、障害者の人権と戦争とは両立できないものだ」といった障害者の叫びは、基本的人権や人間の尊厳を守らなければならない平和の本質をみごとに言いあてている。

国家体制を守ると発想する自衛隊やその軍備が、けっして、国民の生命や基本的人権を守ることと同じでないことは、日本軍に殺された沖縄住民の戦争体験などから学べる教訓である。殺人を拒否すること、暴力につながるものすべてを否定すること、兵役を拒否することなどは、人間の良心の自由であり、基本的人権としてこそ探究され、教育されなければならない。

③　開発教育

「開発教育」というと、一般に耳なれない新しい概念である。直接的には、「世界の人口の三分の二が住んでいるアジアやアフリカやラテン・アメリカの発展途上国の開発や発展について理解を深めようという教育」から出発しているが、地球上のすべての人びとの平和と人権とを尊重する国際的な協力や開発をめざし、新しい国際経済秩序や社会秩序の確立まで考えて行動できる人間の心の教育までを内容とする。

これまで、日本で、一般的には「国際理解、国際協力の教育」といわれたもの、国際民主主義の積極的立場からは「国際連帯の教育」といわれた分野や概念に近いものである。

四十数億といわれる人類のなかで、現在きわめて惨めな生活状態にある人びとが、少なくとも半分はいる。とりわけ、明日の食糧を確保することだけでも困難な人びとは、FAO（国連食糧農業機構）などの報告によると、六〜八億人もいる。一方で、「一九八〇年の世界の軍事支出はついに五千億ドル（百十兆円）をこえ、史上最高を記録した」とストックホルム国際平和研究所は発表している。

今、国内的には、福祉・教育の予算を切りつめて、軍事費を突出させる臨調予算が組まれているのと同様のことが、地球的世界的な規模においても行なわれている。

飢えと貧困と病気と差別からの解放、福祉のために、とどまるところを知らぬ核軍拡競争の膨大な軍事費が使われた場合を考えてみると、地球人類にとって、戦争か平和かの課題が、どんなに大きいものであるかはかり知れぬほどである。

わたしたち日本の教師が、真の国際理解や国際連帯を視野におけば、アメリカ軍の原爆投下が国際法違反で非人道的行為であることを確実に教えると同時に、日本軍の、朝鮮独立運動への暴圧、南京における中国人虐殺、フィリピン、東南アジア人民への侵略加害の事実、そして、他民族の痛みの問題も、わたしたちは教育内容としなければならない。

それは、民族間や国家間の対立としてでなく、これほどの惨殺をひき起こした戦争責任の追及として、ふたたび戦争を起こしてならないために、世界の人民がどのように連帯して平和をつくりだせるかの教育なのである。

一昨年来、ヨーロッパからはじまって、世界中の民衆が国境をこえて、核兵器廃絶のためにたち上がった大連帯行動は、そのまま、国際民主主義の具体的教材ともいえるものではないだろうか。

④　文学作品の発掘とその実践

以上述べてきた軍縮教育の構造的視点は、わたしたちが文学をとおした平和と人間の教育を実践化するうえに、新しい課題を与えている。

文学教育における平和教育も、従来は、ほとんどが「戦争児童文学」あるいは「戦争文学」を教材にしたものであった。そこでは、戦争の悲惨さや非人間性、極限状況のなかでの人間の生き方に、主として光をあてるものであった。

軍縮教育の視点にたってみたとき、これらに加えて、「平和に生きる人権や言論の自由」

を主題にする文学作品、「平和を求める国際的な連帯行動」をテーマにした作品、教材の発掘、その教育実践が必要となってくる。

戦争の被害にしろ、加害にしろ、その悲惨や残忍をひき起こした戦争責任を追及するような作品、とりわけ、戦争の人間抑圧に抵抗しつづけた人びとを感動的に描いた作品などを、国内はもちろん、国際的な民主主義の立場から発掘、創作、教材化する必要に迫られている。

※文学教育の課題とその実践

平和教育の課題や視点から、文学教育がどのようにかかわっているのか、どのような役わりをもっているのかを述べてきたが、さいごに、従来、日本文学教育連盟が主張してきた文学教育の目標ともかかわらせ、あらためて、文学教育独自の課題と実践のしごとを再確認し、提案しておきたい。

そのことは、日本の平和教育の実践をいっそう強靭にゆたかにすることに貢献できるばかりか、文学教育そのものの実践をも新しく開拓することにつながると考えるからである。

1　人間として、ゆたかで、みずみずしい感情・美意識・感性を育てる文学教育のしごと。
2　リアルで、形象的なイメージ・想像力を育てる文学教育のしごと。
3　主体的な行動・生き方につながる表現力を育てる文学教育のしごと。

4　なかまとともに、平和と真実に正しく生きようとする自立的・民主的人間集団を育てる文学教育のしごと。

＊本稿は、日本文学教育連盟第二十五回全国大会〈広島集会〉での基調提案を筆者が整理加筆したものです。

4　平和教育の実践と課題

※子どもの作文から

現在、東京の下町で小学校四年生を、三年から引き続いて担当しています。

最近、小学校の国語の教科書にも——編集陣がそうとう頑張るのであろうと思うのですが——戦争児童文学が少しずつ入って来るようになりました。調べてみますと、一九七四（昭和四九）年ごろから入ってくるようになったようです。だからといって、良くなったとは、そんなに簡単には言えませんけれども、運動のある一つの成果ではないかなと思ってはおります。

学図の三年生用の教科書に「広島にいって」という子どもの作文形式の教材が載っています。この教材を教えたあとで、子どもたちに作文を書いてもらったのですが、そのなかに大変考えさせられる問題を提起してくれた作文がありましたので、最初に紹介してみたいと思います。

三年生の女子です。

「東京にもし原爆が落ちたならば、すごいことになるでしょうね。私も死んでしまいますね。先生、私を守ってくれますよね。先生だもの」と書いてありました。

私はこれを読んでギョッとしました。作文ですからすぐに返事を書いてあげようとして、こまったわけです。「絶対あなたを守ってあげるよ」とは書けない。わずかに書けるのは、「先生だけ逃げやしないよ。一緒に居るときはなんとかして助けてあげるように一生懸命にはなるよ」とは書けるけれども、「私の命を守ってくれるよね」と言われたときに、「大丈夫だよ」とは書けないわけです。

これは私たち教師や親たちへ、子どもたちがつきつけている大変な問題だなと思ったわけです。

※子どもの命を守るとは

広島の平和公園の西隅の方に、〝国民学校教師と子供の像〟が建っております。広島の被爆教師たちが中心になり、当時亡くなった教師と子どもたちの霊を慰めるために建てた像です。もんぺ姿の女教師が死んだ教え子を両腕にかかえて、空のかなたの一点を凝視している像です。また、この像のそばには正田篠枝さんの、次の碑があります。

太き骨は　先生ならむ　そのそばに
　小さき頭の骨　あつまれり

焼け跡にある太い骨が先生の骨であろう。そのそばにたくさんの骨が集まっている。それが子どもたちの骨であろうという意味です。

原子爆弾にかぎらず、教え子が危機的状態におちいったならば、教え子を置いて走り去っていくような先生は一人もいないと私は信じています。また、教え子の命がたいへんな時に覆いかぶさって死んでいった教師も数えきれないほどいたと思います。これは美談にはちがいはないけれど、大変悲しいことだと思います。

つまり、私が最初に申し上げたように子どもの命を守りきっている教師ではないということです。「子どもの命を守り、育てる教育」ということをよく言います。平和教育の場合も「子どもに命と平和の尊さを」というスローガンを掲げております。たしかに、子どもの命を本当に守って、育てて、平和を実現するということはそんなに簡単なことではありません。しかし、そのことをやらなければ、子どもたちの命を本当に守ったことにはならないし、育てることにもならないと思います。

原爆詩人といわれる峠三吉さんが「墓標」という詩を書いております。小学校高学年から中学生には、ぜひ読んであげていただきたいですし、子どもたち自身にも読んでほしい作品の一つです。その中に次の一節があります。

いくら呼んでも
いくら泣いても
お父ちゃんもお母ちゃんも
来てはくれなかっただろう
とりすがる手をふりもぎって
よその小父ちゃんは逃げていっただろう

というのです。つまり、広島のような悲惨な状況、大変な状況になったときに、そばにいてやらなければ、「お父さん」と呼んだってお父さんは行くことはできないわけです。子どもだって一人や二人ではありません。何万という子どもという子どもたちが「お父ちゃん、お母ちゃん」と断末魔の最後を叫んだだろうと思います。けれどもそばに居ないかぎり、手をさしのべてやることもできなかったというのが広島や長崎の状況であったと思います。また、せっかく手をさしのべてやったとしても、子どもの手から自分の手を離して逃げて行かなければいけない人たちだってあっただろうと思います。もう少し先には、こういう一節があります。

比治山のかげで
目をお饅頭のように焼かれた友だちの列が
おろおろしゃがみ
走ってゆく帯剣のひびきに
へいたいさん助けて！　と呼んだときにも
君たちにこたえるものはなく
暮れてゆく水槽のそばで
つれてって！　と
西の方をゆびさしたときも

だれも手をひいてはくれなかった

私も軍国少年であったし、広島にいたわけです。私たちが受けた教育は、国民の命を守るのが軍隊であると教わってきました。今でも自衛隊は国を守るため、国民の命を守るために必要であると言います。私は、この峠さんの詩を読んだ時に、本当に軍隊は自分たちの命を守ってくれる存在なのかどうか、大変疑問に思いました。

現在、東京大空襲のどまんなかであった亀戸の小学校に勤務しておりますが、家庭訪問で、おじいちゃん、おばあちゃん――東京大空襲を経験している世代です――に「東京大空襲のときはどうしたか」と聞きます。そうすると、いろいろな体験を語ってくれますが、どんな保守的なおじいちゃんやおばあちゃんでも、「先生、こんなおもいは孫たちにさせたくないもんだな」と言っています。人間として、どんな思想を持っていても、自分の可愛いい身寄りの命を守ってやりたいというのは人間の本能だろうと思いますね。

第二の質問で「あんなに火に焼かれて逃げていたときに、兵隊さんたちは守りに来てくれましたか」と聞きます。そんなことはほとんど意識していない人が多いのですけれど、「そういわれてみれば、軍隊が来て下町を火から守ったという事は全然見ていない」と話してくれます。警防団という町の自衛組織はあったようですが、もっとも国民の命を守るべきはずであった軍隊が、東京大空襲という、一晩のうちに十万人もの人々が焼き殺されるという大変な状況の中で、国民の命を守るためにはこなかったのです。

調べてみますと、軍隊は動いてはおりました。どこに行ったかというと皇居です。皇居をぐるりと囲んで守っていたのです。

東京大空襲だけではありません。広島の場合もそうでした。私は当時広島にいて——郊外にいたので一命をとりとめましたが——原爆投下直後、市内にある学友たちの寮に向って走っていきました。八時十五分に投下されたのですが、寮に着いたのは十一時でした。

炎が燃え盛る中ですから、大まわりして行かなければならないという事情もありましたが、もう一つは、原爆が投下されて数時間のうちに憲兵隊が非常線を張っていたということです。当時、自分の知っている人、身寄りの人がどのような状況になっているかと心配して、郊外から助けてあげようと思って広島市の中心部に入っていく人たちがおりました。ところが全部阻止されています。

沖縄戦を調べるともっとはっきりするのではないでしょうか。沖縄の人たちを守るために軍隊は最後まで戦ったか。軍隊の良し悪しはおいても、当時の軍隊の使命はそうであったか。自分たちが最後まで守りきるのではなく、沖縄の人たちを前線に立たせた。「ひめゆりの塔」がそうでした。か弱い女子学生を前面に立たせて、あとできいたことですが、参謀総長はここでは亡くならずに、日本本土に適当なときに引揚げたということです。

※平和教育とは

最近、有事研究なるものが出てきました。リムパックで、どこの軍隊かわからないような動きも出てきました。指導要領には日の丸や「君が代」を強引にねじ込んできました。関西の財界では徴兵制の問題すら論議されています。そしていつの間にか、自分たちの国は自衛権を行使しなければならない、守らなければならないということになってきました。自分の命を守るということについては、どんな人でもそうだと思います。だから自衛隊が必要なんだといわれるとフッと錯覚を起こして、やっぱりそうかと思ってしまう。ところが、民衆を守ってくれる軍隊と国家を守る軍隊とは区別して考えないと、私はたいへんなことになると思います。

私は広島で被爆した被爆者の一人ですが、ほんとうに子どもの命を守るため、平和を実現させるためには、炎が、あるいは核爆弾が頭上に落ちてきたときには時すでに遅いのです。私たちがやらなければならないことは、子どもの上に覆いかぶさって死んでやることも必要かもしれませんが、もっと大事なことは、そういう状況に子どもたちを追いこめない、そういう状況をつくり出す努力だと思います。その一つが平和運動であり平和教育だと私は思います。

平和教育というと、戦争体験をもっている教師が特殊な教育をやることだというふうに一般には思われている筋が多分にあります。私はなんとかしてそれを打ち破りたいし、事実もそうではないと申しあげたい。広島に原爆が投下されたということについては、広島・長崎は決して過去の問題ではない、ということを申しあげたいのです。

それはなぜかといいますと、私は生き残った被爆者の運動を一緒にやっておりますからそのへんは非常によくわかるのですが、三五年たった今日でも広島・長崎で被爆して生き残った人たちがどんなに苦しい思いをしているか……。それは単に精神的な苦しみだけではありません。科学的にいっても、核兵器の本質で一番怖いのは放射能の問題です。当時かすり傷ひとつ負わなかった人たちが、ひと月たつかたたないかのうちにバタバタと倒れていきました。私自身も急性症状にやられました。友だちの死体を救い出すときにちょっとしたかすり傷をしまして、いつまでたってもその傷口から血がにじみ出して止まらなかったのを覚えています。三日後から猛烈な下痢症状が始まりました。同時に、口から血が出始めて、止まりませんでした。やがて、髪の毛が抜けはじめる人びとが出てきました。中には丸坊主になった人びともいます。そして体のところ構わず紫色の斑点が出はじめました。斑点が出はじめたら死の徴候だと、当時思われていました。そのぐらいバタバタ死にました。それが急性症状で、私などはそこをくぐり抜けて、よく助かったものだと思います。

しかし、たとえば私と同じ行動をした広島の教師の一人は、たしかいまから七〜八年前だったと思いますが、高校生になったお子さんを突然白血病で亡くされました。本人は私と同じように生きのびて、それ以後健康です。私がこう申しあげたからといって、被爆者の子どもがすべてそうだと錯覚していただくと、これは事実と違います。しかし、いまだに科学ではっきりしないそういう事実があるということを、はっきり申しあげたいのです。三五年たっても、人間を内部から破壊したその傷は、未だに癒えていないということです。

いろいろな兵器がいままで発明されてきましたが、核兵器が通常兵器に比べて明らかに違うのはその点だろうと思います。通常兵器は、使用したそのときの敵の現有勢力を物理的に破壊する。しかし核兵器は、使用した瞬間の敵の現有勢力を物理的に破壊するだけではなくて、それ以後何十年たっても、人間を内部から崩壊させ続ける、むしばむという本質があるわけです。つまり、核兵器は現在を壊すだけではなくて、未来をも壊し続ける兵器であるということです。

実は私は昨年東欧諸国を回ってきました。原子爆弾に関する写真展を東欧諸国がやるというので、パネルを抱えて半月ほど回ってきたわけです。東欧諸国はご存じのように社会主義の国ですし、ブルガリアなどは国の主催で原爆展を開いてくれたぐらいですから、平和に対して、あるいは広島や長崎に対して深い理解を示そうとしているわけです。それにもかかわらず私は、向こうへ行っていろいろな人びととの話をきいて、まだ核兵器の本質が充分に世界の人びとに知られていないことを知りました。

広島・長崎に原子爆弾が使われたことは知っています。たいへんな兵器であるし、たいへんな破壊を起こしたということも知っています。約三〇万人の人たちが亡くなったことも知っています。つまり物理的な破壊についてはよく知っています。しかし人間の内部を未来にわたって破壊し続けるということについては、全然知らないとは言いませんが、たいへん甘いといいますか、よく知られていないという感じをもって私は帰って来ました。積極的な国においてすらそうです。

したがって、広島や長崎の原爆の問題を子どもたちに教えるということは、"昔こんなたいへんなことがあったよ"という教育であってはならないと思います。広島や長崎の問題はまさに現在の問題であるし未来の問題なんだということを、被爆者として、人間として訴えたい。先ほどの例でおわかりのように、子どもや孫にまで及ぶ深刻な問題をもっているのです。つまり被爆者が身をもって言えることは、決して過去の問題ではないということです。いま一つは客観的にいえることでして、核兵器の開発の状況を想像していただければきめて明らかです。核兵器を落とされないという保障はいまだに世界の人類はもっていない。

どこかでボタンを押し間違えれば、地球上の人類は破滅するか生存し続けるかの岐路に立たされます。松本清張さんの『神と野獣の日』というのが角川文庫から出ていますが、お時間があればお読みいただくといいと思いますけれども、南アメリカのどこかでボタンを押し間違えてミサイルがとんでくる。日本に向かってくる。日本の総理大臣が大あわてをする、三発の中の一発が後楽園の野球場のどまん中に落ちる……。

たいへんSF的な小説ですけれども、あれを読んで楽しんでいるだけでいいのかなと、私などは思うわけです。SF小説ですから、最後はドンデン返しになっていますが、広島や長崎の体験を現在の問題に置き換えれば、なるほどこういうことになるんだということを、私は思い知らされました。

※平和教育の実践

平和教育、私たちが子どもの命をどうやって守っていくかという課題がたいへん大きな問題だということを、第一の柱として申しあげましたが、二番目に、平和教育の実践とその課題について申しあげたいと思います。平和教育というのは、戦争体験のある教師が自分の思いをこめて子どもたちに伝えるものだというふうに、もし一般に理解されているとすれば、それは特殊な教育として、やってもやらなくてもいい教育だというふうになってしまうのではないか。そのへんは私はぜひ、戦争体験のない若い先生たちも含めて、教育の原点として考えていただきたいと思います。結論を先に申しあげてしまいましたけれども。たとえば、最近学力の問題がかなり論議されております。学力の問題をすぐ、落ちこぼれの子どもをつくらない教育をするんだというふうに単純に考えすぎてしまいますと、「わかるか・わからないか」だけの教育になってしまう。私は、もうちょっと深く考えたほうがいいと思います。

学力の問題にもいろいろありますが、だいたい次の三つの段階があるのではないかと思います。一つは、最近子どもの体がやられてしまっているということ。紐が結べない、鉛筆が削れない、背筋力が弱い、友だちを殴ったら友だちが怪我をしないで自分が怪我をする……。これは事実です。つまり小さいときから生活土台の学力みたいなものが不充分なのです。感覚だとか感情だとか体の問題。小さいときからの家庭教育・幼児教育の大問題だろうと思います。

生活土台がないところに知識を注入してみても、基礎知識だとか理解だとか表現力だとか、そういう学力は身につかない。学力というとすぐ、知識・理解・表現力、その段階のほうをいいますけれども、生活土台をつくる——学力といっていいかどうかは別として——生活力みたいなものを教育の問題として据えて、その上に学力をおかないと、学力そのものが伸びないと思います。私は、わかる・わからないの、いわゆる基礎学力のところが人間の教育のすべてだとは思いません。そこにとどまっているから、やはり受験にうち勝つ学力をつけなければいけない、と言いはじめる。そうすると、ほんとうに民主教育として考えている学力と受験のための学力の区別がだんだんつかなくなっていきます。

誤解をおそれずにいいますと、教室の中で教師がわからない子どもたちをわからせるための教育だけをやっていたのでは、たいへんなことになると私は思います。もっと誤解をおそれずズバリ言いますと、算数ができない子どもに、算数ができなくても生きる学力をどうしてやるか。すべての子どもたちが同じように学力を身につける。その努力をしてはならないというのじゃないんです。しかし、どうも最近は教室で、わかったのかわからないのかを問い詰めるだけの教育があまりに多いんじゃないでしょうか。もっと美しいものに感動したり、人間の真実に深くうたれたり、正しいことに生き抜いていこうというエネルギーをもつような教育は、いったいどこでやろうとしているのか。つまり基礎学力といわれるもののもう一段階上に、〝生きる学力〟を私たちは見とおしていかないと、ほんとうの教育にならないのではないか。

昔はあったように思います。算数はほとんどできなかったけれども、卒業してどこかに丁稚奉公にいって、生きる力は立派にもっているというふうに社会がしてくれました。私はいま極端な言い方をしておりまして、もちろん私も基礎学力は大事だと思いますし、わからない子どものためにわからせる努力はしなければならないと思いますが、大きい観点としてそういう問題があるのではないか。

平和教育というのは、生きる学力をどうつくるかということに深くかかわる。だからこそ平和教育は教育の原点だといえるでしょう。平和教育というと何か特殊に思われがちですけれども、平和教育は民主教育そのものだというふうにも言いたいのです。憲法教育そのものだとも言いたいのです。

一例だけ申しますと、子どもたちは小学校のときから、戦前と違って自分たちで仲間をつくって、自分たちの仲間のなかで相談をして、自分たちが決めたリーダーに従って自分たちの目標に向かって、仲間と一緒に力を合わせるような子どもたちを目指す。つまり集団主義教育というものを民主主義教育の中に位置づけて努力をしています。だから自治活動も大事にするし、幼稚ではあっても子どもたちの自主的なものを大事にする。これが実は平和教育にとってきわめて重要なことなのです。

先ほど申しましたように、東京大空襲のときに軍隊はやってきませんでした。もし日本の中にもっと早くから、自分たちの暮らし、自分たちの命、自分たちの地域を守るという教育方法が確立していたら、東京空襲のさなかにもただ逃げに逃げていくという行動だけでなくて、もっと街を守るという行為——それはあのたいへんな状況のなかでどれだけのことができたかどうかは別として、少なくともそういう備えをしようというふうになっていったのではないかと思います。しかしあのときはバラバラでした。きけばきくほどバラバラでした。あちらに逃げる人もいるしこちらに逃げる人もいる。

つまり、自分たちが集団として生きのびる方法を当時の庶民はもっていなかった。国を守り命を守るといっていた軍隊に頼っていても、守ってくれない。私たちが集団を大事にして教育をしていくということは大きくいえば、自分たちの命を、自分たちの街を守っていく集団の力に結びついた教育をするということであるはずです。単に形をまねたり、うっかりすると管理をするための班づくりであったりすることもありますが、私たちが仲間を育てるというときには、そういう大きい観点が必要ではないかと思います。

一年生に「お父さんのしごと」というのが出てきます。一年生に平和教育をどうするかということで、まだ小さい六歳の子どもに広島や長崎の原爆を語ってもわかりません。お父さんのしごと、お父さんはどんなことをしているかということをかかせますと、最近は下町でもそうですが、ほとんどの一年生が、日曜日にテレビの前に寝ころがって、たばこを吸って、なかにはお酒を飲んでいるお父さんの絵をかきます。勤めに出ているお父さんは、子どもたちの目からはそれしか見えないわけですから。私はある年、子どもたちにお父さん像をかいてもらって、全部並べて、お父さん方を呼んで授業参観をしたことがあります。お父さんたちは唖然として、たいへん深刻にお悩みになりました。そしてお父さんたちの発想で、一年に一回子どもたちに自分の職場を見せるという運動をしました。いろいろな職業の人がいます。ペンキ屋さんが子どもに自分の仕事の話をしてやる。たしか六〇メートルぐらいの鉄塔に登ってペンキを塗ったということを誇らしげに語る。子どもがそれをきいて、うちのお父さんはすごいんだぞという詩を書いてくれまして、載せた覚えがあります。

つまり、お父さんの仕事、何をやっていますかという職業調べに終わってしまいますと、ほんとうの意味での労働の大切さもわからないし、働いてくれているお父さんが交通事故にあったときにどんな悲惨な状況になるかということもわからない。これは一年生でも想像させてやることはできるものです。二年生になると、消防署のおじさんだとかお巡りさんだとかが出てきます。

こわいものは何だと訊きますと、雷だとか地震だとか、なかには幽霊だとかいう子どももいます。そこで、ひと晩のうちに何万人も死んだたいへんこわいものがあるのだよ、といっても、東京空襲のどまん中であった地域の小学校の子どもたちが、「なあに?　地震?」「大水?」といいます。自分たちのおじいちゃんやおばあちゃんが、この街で死んでいるという事実に気がつかないのです。子どもだけではありません。私は亀戸の近くの学校なのですが、近くにガードがありまして、東京空襲のときの記録を読みますと、そのガードよりも、線路の土手よりもうず高く死体が積上げられて、ガードの下は三月も四月も通れなかったといいます。その脂が壁にしみこんでいつまでたっても消えなかったといいます。このことは実は当時の生き残りのみどりのおばさんが私に語ってくれたのですが、そのことは私が勤めている学校の教師たち全員が知りませんでした。わずかにみどりのおばさんが一人知っていたのです。下町のどまん中でそうです。文部省の教科書でオランダの歴史は教えるけれども、自分たちが住んでいる町のことは教科書に出てこないし、教えていない。

これは平和教育だけの問題ではありません。きみたちが住んでいる家は海抜何メートルぐらいかと四年生の子どもに訊きますと、たいていの子どもが、二～三メートル、いや一〇メートルはあるよ、などと言います。では家へ帰って訊いていらっしゃいといいますと、お母さんがほとんど答えられない。そのくせ、オランダの国は海より低いんだってね、と、こういうことはよく知っています。ほんとうの意味の知識、ほんとうの意味の学力とはということを、そこで私たちは考えざるをえない（筆者の勤務する学校は、いわゆる江東ゼロメートル地帯と言われるところに位置する）。

二～三日前にきいたのですが、数学や英語の時間には授業のじゃまばかりしている中学生に広島の原爆の記録を見せたそうです。いつもだったら、休憩時間になるかならないうちに便所へ走りこんでたばこを吸う連中が、その映画が済んだらシュンとして、しばらく動かなかったそうです。つまり、彼らだってたいへんな問題だと受けとめているのです。そこでは〝わかったか、わからないか〟の教育ではなくて、人間そのものの尊厳・命の尊厳について提示された。便所に駆けこんでたばこを吸う中学生たちが、そこではやはり何かを感じて深刻になっている。やはり生きる学力の問題にもっと私たちは目をすえていかないといけないのではないか。

彼らの立場からいえば、〝わかるか、わからないか〟ということで、最後にはわかるにしてもいつも遅れている生徒たちにしてみれば、やはり学校はおもしろくないところ、そういうせまり方しかしてくれない教師たちは、やはりいやになってしまう。エイッといって飛びこんで自殺したり、エイッといって非行グループに入っていってしまう。そして何かを発散させる。そういうことを私は平和教育の観点からのべたわけで、決して特殊な教育ではない、教育そのものだと思います。

※実践の課題

実践の課題で最近思うことは、小さい子どもであればあるほど具体的な映像にしてやらないと、少なくとも頭脳の中に残るような教育力がないということです。もう一つは、修学旅行などでいましきりに広島へ行っておりますが、そういう先生たちの話をききますと、教師のほうからああしろこうしろといってお膳立てした平和教育ではなくて、子どもたちが自律的・主体的・自発的・自主的に行動し表現するという方法をとらないと、ほんものにならないということです。いま一つは、さっき松本清張さんの想像力のことをいいましたが、事実を教えると同時に事実をもとにして未来を予見する力、想像する力をつけるということ。核爆弾が目の前にないのですから、私たちおとなも含めてイマジネーションの問題を教育の問題として重視していく必要があると思います。そういう意味で私はあの清張さんの短編をお勧めするわけです。やはり作家ですね。すごい想像力だと思います。

もう一つ最近私たちが平和教育のなかで少しずつ明らかにしていることは、認識に三つの側面があるということです。一つは、体験や文学作品をとおして理屈ではなく感情をこめて、自分がそこに居合わせるように、あたかも自分であるかのように知っていく、そういう教育が特に小さいときから必要だということです。つまり感情の教育です。分野でいえば芸術的な教育です。しかしそれだけですとものの本質が明らかになりませんから、第二番目の認識的な側面として、科学的というか理論的というか歴史的な教育がどうしても必要になります。私は、「戦争体験を継承する」ということはちょっと気になるのです。戦争の体験をもっている人がもっていない人に体験を継承すると言ってもそんなにスーッと体験が移るとは思えません。それから、戦争体験がそれほど整理された教育力をもつかというと、そうも思えません。体験はある意味ではたいへん危険です。ですから私は、「戦争の歴史的な体験を子どもたちに教えていく」というふうに置きかえたほうがわかりいいと思います。戦争体験をもっている人がすべて平和の愛好者かというと、そうではない人たちもいっぱいいます。逆に若い先生たちは、戦争体験がないから平和教育ができないというコンプレックスをおもちになる必要はないので、日本の民族の歴史的な事実を知っていればいいので、体験のあるなしの問題ではないと思います。少なくとも教材としてはそうです。

三番目に、これはおとなにもいえることですが、

「自衛隊はよくない、リムパックもよくない」

「では、あなたは何をしますか」

「おれは会社が忙しいからな」

という。つまり心でわかり頭でわかっていても自分は何もしない。そういう人間になってはやはりまずい。三つ目に申しあげたいのは、自分の体を動かして表現していく子ども、主体的な、行動的な人間をつくる必要がある。だからといって、すぐ生徒に国会へ押しかけろとか、そんなことを言っているのではありません。自分の言葉で平和の問題や戦争の問題を語れる子どもたち、そして自分が生きていくなかで何らかの役割を果たそうとし、そのことを考えて何らかの自分なりの表現あるいは行動をしていく子どもたち。そういう教育でないと、

ほんとうの意味の生きる学力にならないと思います。

とりとめのないお話をしましたが、平和教育は決して特殊教育、戦争体験のある特殊化的教育ではない、民主教育そのもの、憲法教育そのものであるということを申しあげました。それから、戦争の問題は決して過去の問題ではなくて、まさに人類の課題といっていいくらい現在の問題だし未来の問題だということ、それと私たちが育てようとしている学力の問題を、非常に大雑把ですけれども申しあげました。

＊これは一九八〇年三月の全国民主主義教育研究会主催の憲法講演会での報告を文章化したものです。（筆者注）

5 人の名前と命の教育

※わたしを呼んで被爆死した学生

一九四五年八月六日、広島へ原爆が投下されたとき、わたしは師範学校予科二年の学生でした。爆心から二キロにあった学生寮は全壊しました。寮に残っていた学友たちは、火傷を負い、建物の下敷きになって、圧死しました。

わたしも寮にいたら、恐らく生き残れなかったと思います。たまたま前日からの泊まり込みで郊外の作業に動員されていたために一命をとりとめました。わたしたち一団は、市内から傷つき逃げる多くの市民の流れに逆行して走り帰り、直ちに倒壊した寮の下に埋まっている学友たちの救出や介抱、死体処理の作業にあたりました。

ところが、机も寝台も隣り合わせていた一年生の垣原明君の行方だけが不明です。生き残った同室の一年生の報告ですと、目もくらむような閃光がはしった瞬間に、彼は「室長さん！」と叫んで、部屋の出口へ走ったというのです。

「室長」とは、わたしのことです。わたしたちは、懸命に出口の辺りを掘って探しましたが、六日はもちろん七日になっても見つけることができません。

やっと三日目の八日、それも夕刻になって、崩れた壁土の下から、腐乱して見る影もない彼の死体を見つけました。その位置は、出口とはまるで反対側の隣の部屋でした。強烈な爆風で、彼は十数メートルも吹き飛んで建物の下敷きになっていたのです。

教師になることに夢ふくらませ、入学した一五歳の少年。四カ月目の死でした。明るく真面目な学生でした。生きていれば、彼もきっと日本の優れた教師のひとりになったと思います。

茶毘《だび》に付したお骨を受けとりにみえた彼のお父さんが、

「室長さんは、生きておられて本当によかったですね」

とわたしにあいさつをされました。

あいさつの言葉には違いないのですが、それは、わたしにとって、「室長のあなたが生きていて、なぜわたしの息子は死んだのか」と問われているように思えて仕方がありませんでした。

断末魔に、わたしのことを呼んで死んだ垣原の声を背に、わたしは戦後の四〇年間、教壇に立ってきました。

※子らに、自分の名前を叫ばせた女教師

昨年、東京の立正大学で開催された「全国平和教育シンポジウム」で被爆者の真実井房子さんは、次のような証言をしました。

「ガラスの破片が突きささった息子を抱いて、夢中で三滝の河原に逃げてきたときでした。小学校一、二年生ぐらいの子どもたちが、二人の先生につれられて、私のすぐそばまで来ると、全員がばたばたと倒れてしまいました。先生も子どもたちも、ぼろ布をまとったように皮膚がちぎれています。女の子十人ばかりでしょうか。

倒れた子たちは、口々に先生をよびます。一人の先生が、起き上がろうとしますが、立つ気力もなく、倒れている子たちの間を這いながら、あえぐように声を出します。

『……もうすぐ、お父さんやお母さんが、迎えにきてくれてじゃけえね……でも、みんなの顔は火傷ではっきりわからないから……自分の名まえを、大きな声で言いなさい……大きな声でね。……わかったわね』

先生はそのまま、のめり込むように倒れてしまいました。

この日、広島の人たちは、みんな、自分のいた場所に爆弾が落ちたと思っていました。たった一発の原爆で広島が壊滅したなんて思うはずもありません。

息も絶えだえの子たちが、先生に言われたように自分の名まえを叫び始めました。

『おかあーさん、田中良子よ！』

『鈴木光子、光子はここよ！』

『池田ヤスエのとこへ、来てえ！』

河原に夕闇がせまる頃、先生も子どもたちも、一人残らず死んでいきました。そして、家から迎えにくる人もいませんでした。」

（真実井房子「八月六日・私の慙愧」『平和教育』34号、日平研、一九八九年）

原爆地獄のなかでも、女教師は教え子を救いたい一心で指導を続けようとしました。子らの存在を親に知らせるためには、名まえを叫ばせることが唯一の方法だと判断したのでした。

考えてみると、人の氏名は単なる記号ではありません。名を呼ぶことは、人と人とを結んでいるきずなを確かめることです。

しかし、それを無惨に引き裂いたのが原爆でした。

死者となった人の氏名だってそうです。原爆死没者は投下時で二十数万、その後も加えれば三十数万人と人数だけなら、ひと口に言えます。

けれど、死没者一人ひとりには、氏名があり、顔があり、人生がありました。一人の命といえども、何ものにも替えることのできないたいへんな重みをもっています。そして、人間だけは、死んでも人の心のなかに生きることができます。

原爆といえど、生き残った者の心から死者への思いを奪うことはできませんでした。

※死んだ息子の名まえを呼ぶ母

原爆で二人の息子を亡くした大平数子さんの詩に、「慟哭」という作品があります（日本標準刊・『愛と平和の物語』五年№五に所収）。わたしはこれまで生徒の前で何度か朗読をしてきましたが、いつも途中で中断したり、絶句したりする作品です。

慟哭　　大平数子

しょうじょう
やすしょう

しょうじょう
やすしょう

しょうじよおう
やすしよおう

しょうじいよおう
やすしいよおう

しょうじぃ
しょうじぃ
しょうじぃぃ

（註　しょうじ（昇二）―次男　やすし（泰）―長男）

二人の息子の名まえを繰り返しているだけの詩です。辞書的な言葉の意味解釈からみると、内容の進展はないとさえ極論できます。にもかかわらず、細かい表記の違いで気づくように、これくらい単語の背景と感情を想像させる詩もまためずらしいといえます。読み手の感性（人生経験から出てくる想像や感じ方）に任されています。

小学生は小学生なりに、自分の感性で読むことができます。日本文学教育連盟の渡辺増治氏も、雑誌『平和教育』一一号（日本平和教育研究協議会編、明治図書、一九八〇年）に授業の扱いと小学五年生の反応を紹介しています。

●お母さんが、二人の名まえを呼びながら泣きくずれている。

●「しょうじ」の最後に「ぃぃ」とついているのは、泣いているから声がにじんだんじゃないかと思った。

●原爆で焼けただれた人たちのなかで、お母さんは、やっと探しあてた自分の息子二人。むざんにも熱い原爆をあび、見るかげもなくなっていた様子。いたいにすがって泣きくずれ、やり場のないいきどおりを、泣くことによって悲しさをこらえている。

●もう帰ってこない子の名まえを叫び続けているお母さんの気持ちにジーンとした。

●作者は、泣きながら書いたんだなと思いました。

原爆地獄のなかで、果たして母が息子の遺体に対面できたかどうかの事実は詩ではわかりません。しかし事実をこえる真実を、子どもの感性と想像がしっかりととらえて表現しています。こうした積み重ねによって文学教育は、子どもの豊かな感性と想像力を育てるのです。

「慟哭」の詩は、教師も子どもも声に出して朗読するのがよいと思います。そのほうが想像も深まります。そうは言いながら、わたしは正直、ひるむ気持ちもあります。同じ名まえの言葉を繰り返す単調さを恐れながら、背後の情景と感情とを想像してどのように声をこめて表現できるのか、声をつまらせながらも朗読すると、自分で自分の感性の程度を思い知らされるからです。しかし、それでも、朗読することが大切だと考えます。

※どんな姿でもいい、もう一度母さんのところへ帰ってきて

いま一つ、わたしがいつも絶句する母の手記をあげてみます。


「勝司ちゃん。

あなたが生まれて二週間後に支那事変（日中戦争）が始まり、そして八月六日のあの日から十日後に戦争が終わりました。

あなたは、戦争の間だけを生きていたのね。

人間らしい楽しい生活も知らないままに。

あなたが、もの心ついた頃から、
夜は燈火管制で暗闇の生活。

食べ物は、大豆ごはんや
ぬかの混じったおだんご。

あなたは、大豆ごはんが大嫌いだった。

八月六日のその朝も、
お母さんは仕方なく大豆ごはんを炊きました。
嫌いと言ったあなたは、
涙をいっぱい浮かべて
食べました。
そして、学校へ行ったのね。
ランドセルを背負って、
『行ってきます。』
これが、最後の言葉でした。
あなたは、そのまま二度と
お母さんのもとへは、
帰って来なかったの。
あの時、なぜ叱ったのだろうと、

何十年たった今も、
心に残って仕方がないの。

あなたは、どこで死んだの。
火に包まれながら、
「お母さん」「お母さん」と
泣き叫んだのではないかしら。
全身に火傷を負いながら、
苦しい息の下から、
「お母さん水を」
「お母さん水を」
と言いながら、
息が絶えたのではないかしら。
どんな姿になっていてもいい。
もう一度お母さんのところへ
帰って来てちょうだい。
そしたら、
この胸にしっかり抱きしめて、
真っ白いごはんを腹いっぱい

食べさせてあげたいの。
これが、お母さんの
切なる願いです。

――『流灯・ひろしまの子と母と教師の記録』（原爆犠牲国民学校教師と子どもの碑建設委員会事務局編、一九七一年）より

※出席簿と教師――作品「二十四の瞳」から

すべての教師が読んでおきたい小説の一つに、壺井栄の作品『二十四の瞳』があります。学校を出たばかりの大石先生は、瀬戸内海の島の岬分教場に赴任します。初めて子どもたちと対面する教室で、一時間もかけて一二人の出席をとる場面があります。ただ出席を確認するだけなら、二、三分ですむことですが、大石先生は子らの氏名を呼びながら、いろんなやりとりをして、一人ひとりの性格やあだ名、生活の背景までも頭のなかにたたみ込んでいきます。決して無駄ではない子どもとの最初の対面です。

子どもたちと先生との楽しい温かな交流が始まりますが、時代は次第に戦争にひた走る、暗く重っ苦しい日本となっていきます。やがて大石先生は結婚し、教職を去りますが、夫は三人の子を残して戦死してしまいます。成人していく教え子たちも、男は戦場にかりだされ

戦死する者、女の子も貧しさのために病死したり身売りする者まで出てきます。

敗戦の翌年、大石先生は一八年ぶりに岬分校の助教として復職、再び教室で子どもたちの名まえを呼び出席をとります。ところが、不幸なかつての教え子たちの顔が重なり、なき虫先生とあだ名されてしまいました。

今日も、日本中の学校で、すべての教師が教え子たちの氏名を呼び続けています。教育として、子らの名まえを呼ぶことは、どんな意味を持つのでしょうか。命と人格の代名詞であり、それを励まし育てる呼び名だとしたら、その行為は、きわめて奥深い意味をもっています。

※命と体を大切にする平和の教育

被爆教師ということで、わたしは退職後も頼まれて、小学校から中学高校、大学の講義まで、平和に関する授業をすることがあります。

平和教育というと、とかく戦争や原爆のことだけを教えることだと思われがちですが、平和実現に生きる人間教育は、もっと豊かで広いものでなくてはなりません。もちろん、戦争の本質も大切な内容ですが、人権、連帯の教育とも深く関わり、さらには民主教育そのものも、平和教育の大切な土台になります。

小学校では、悲惨な被爆体験だけでなく、次のような授業もしてきました。

「あなたたちが家に帰ると、だれかいる？」

「お母さんがいるよ」

「お父さんもいます」

「そう、お母さんがいて、お父さんがいて、ぼくやわたしもいるんだね」

「お父さんや、お母さんがいなければ……？」

「わたしや、ぼくも生まれていないんだ」

こんなやりとりなら小学校低学年の子にも分かります。そして顔の絵で表した家系図を描いてみせます（操作用の掛け図も作成）。

「お父さんのお父さん。お父さんのお母さんがいるのを知っているかな？」

「あ、知ってる！　お祖父ちゃんとお祖母ちゃんのことでしょう。お祖父ちゃんは、去年死んじゃったんだって」

「お母さんのお父さん、お母さんのお母さんは？」

「田舎に行くといます」

「ぼくのうちは、いっしょに住んでいるよ」

「よく知らないな」

「今日、帰ってきいてごらん」

子どものさまざまな反応も出ますが、確かめれば、必ず父母、祖父母はいるはずです。ここまででも、自分の血につながる六人の人のいることが、確かめられます。

「お祖父ちゃんは、どうして生まれたんだろう」

「お祖父ちゃんのお父さんとお母さんがいたから……」

と、子どもたちは類推して分かっていきます。

「お父さんとお母さんがどんどんふえていくね」

中学生ですと、数の計算もできます。一〇代前だと二〇〇〇人以上、一五代もさかのぼると、実に六万五〇〇〇人の祖先をもつことになり、大人のわたしたちでも驚きます。

「いまここに、わたしたちが生きていることは、これだけ多くの人、祖先の命が全部切れないで続いてきたからです。もし、戦争や原爆で、あるいは地震や交通事故で、この大勢のなかの、たった一人でも、子どもの生まれる前に死んでいたら、ぼくも、わたしも、この世にいないことになります」

掛け図の何代か前の一人をはずすと、後の世代の人全員が消えることも操作してみせます。

「アフリカやアジアの国のなかでは、飢えや伝染病で、生きたいのに死んでいく子たちが、年に四〇〇万人もいます。それなのに、日本の子どものなかには、生きられるのに自分から命を捨てる子がいます。

何万人もの〈命のバトン〉を受け継いでいる世界で唯ひとりしかいない自分は、ほかの人と替わることのできない、とても大切な人間です」

体と命を大切にする保健教育も、そして、人権と平和の教育も、こんな視点から考えることもできます。

高学年ですと、十五年戦争でアジアの人々二〇〇〇万人、日本人も三一〇万人が犠牲になっていること。もし戦争がなかったら、その人たちの子どもが大勢生きていて、君たちの教室の隣に、幻の学級があるのではないのかと想像もしてほしいのです。

戦争で犠牲になった人たちの、おびただしい白骨の上に、わたしたちの命があること、そして、戦後五〇年の日本も平和憲法も、その上につくられたことを、知識だけでなく感性としても実感してほしいのです。

〔収録論文の初出一覧〕

被爆の思想化　『原爆と文学』一九九七年版（「原爆と文学の会」編）
人間回復　『原爆と文学』一九九九年版（同右）
一人ひとりの原爆死　『原爆と文学』二〇〇一年版（同右）
人間の破壊こそ原爆被害　『原爆と文学』二〇〇二年版（同右）
原爆の傷さらしても　『原爆と文学』二〇〇三年版（同右）
原爆と人間　「埼玉大学講義録」一九九一年から
「被爆者援護法」制定で露呈した政府の核政策と戦争責任　「衆議院厚生委員会証言」（一九九四年一一月二九日）
体と心のなかの原爆とたたかいつづけ　『平和教育』三九号（一九九〇年一〇月）日本平和教育研究協議会（日平研）編／明治図書
被爆者、不屈のたたかい　『平和教育』四六号（一九九四年六月）日平研
天皇と原爆と子ども・青年の死
何にたたかい生きるか――被害・加害・抵抗　『平和教育』三五号（一九八九年七月）日平研編／明治図書
教科書問題にみた被爆と核兵器廃絶の歴史認識　『平和教育』五三号（一九九七年一二月）日平研

『平和教育』六一号（二〇〇一年一二月）日平研

体験的平和教育の運動史と課題
季刊『教育運動研究』（一九八一年一二月）一光社

私の昭和史……軍国主義教育の系譜
『被爆の心で』（シリーズ２・一九九一年三月刊）

被爆地の「勅語」悲話　『日本標準プレス』二〇号

主権者の人格形成は教育の原点
季刊『平和教育』四号（一九七七年三月）日平研編／明治図書

文学教育と状況認識　季刊『平和教育』二八号（一九八七年一〇月）日平研編／明治図書

平和と文学の教育　『平和を教える国語の授業』（一九八三年二月）日本文学教育連盟

平和教育の実践と課題　『民主主義教育』第四〇号（一九八〇年夏号）全国民主主義教育研究会

人名と命の教育　『保健室』五三号（一九九四年）全国養護教育サークル編／農山漁村文化協会

田川時彦――略歴

一九二九　現在の広島市に生まれる。
一九四五　八月六日、広島師範学校予科在学時の動員作業中に、米軍機による原爆投下で被爆。当時は急性原爆症にかかるが、五日後実家に帰り養生したため軽症ですむ（一六歳）。
一九四九　師範学校卒業と同時に、広島県安芸郡府中小学校教諭として赴任。担任児童に原爆孤児や被爆児童をかかえ悪戦苦闘（一九歳）。
一九五一　上京し、東京都公立学校の教諭となる（二一歳）。
一九五五　早稲田大学第二文学部学芸学（演劇）二年に編入学。
一九五九　金延嘉子と結婚（二九歳）。
一九六五　八月六日、日本文学教育連盟主催の全国集会が、秋田の田沢湖で開催され、峠三吉の作品「墓標」が提案・朗読され、以後毎年恒例の行事となる（三六歳）。
一九七一　広島・長崎の被爆教師と連携をとり、「東京都原爆被爆教師の会」を結成し、事務局長を務める（四二歳）。のちに会代表にも就任（代表は広島出身一名、長崎出身一名で構成され、その広島出身代表をつとめる）。

一九七二　山口勇子、増岡敏和、篠埅潔らとともに『原爆と文学』（年一回刊行）の刊行に尽力する。第一号は一九七二年刊行、五号で休刊。一九九五年復刊し、各号に本書所載の「被爆の思想」論文や証言を掲載した。
一九七四　「日本平和教育研究協議会」の結成にたずさわる。第一回総会議長をつとめる（四五歳）。
一九七七　国連ＮＧＯ主催「被爆問題シンポジウム」、東京推進委員会事務局長をつとめる（四八歳）。東京都教育研究生に応募・合格。一年間千葉大学の研究室に派遣・研究。研究テーマは「語彙教育」
一九七九　第二三回東京都原爆被害者団体協議会総会、第八回社団法人東友会総会で事務局長に選任される。以後、一九九〇年度まで継続（一二年間）。
一九八九　東欧諸国・平和の旅（平和委員会「原爆写真展」）、ギリシャ、ブルガリア、ポーランド、東ドイツ歴訪。団長・松浦総三、副団長・早乙女勝元・田川時彦（五一歳）。
一九九一　願いにより、東京都公立学校教諭の職を辞す。（六月一〇日満六〇歳。）
一九九四　埼玉大学非常勤講師を依頼される「総合平和講座」。
一九九五　臨時国会の衆議院社会労働委員会で「被爆者援護法」の審議。参考人として出席し、意見陳述を行なう（六五歳）。
一九九六　被爆者として、イタリア国営テレビ放送に出演。
小西悟氏とともに、ニュージーランドへ日本被団協代表として遊説（七日間）（六七歳）。

二〇〇一　埼玉大学非常勤講師を退任（七二歳）
現在　日本文学教育連盟常任委員
日本平和教育研究協議会常任委員
東京都原爆被害者団体協議会会長・社団法人東友会会長

解題

編集委員　佐貫　浩

（一）

田川時彦は、一九四五年八月六日、広島で原爆を被災した。そしてその想像を絶する阿鼻叫喚のなかを生き延びた。その後長期にわたって、被爆者運動の先頭に立ってきた。しかしその田川でさえ、その体験を語るには、いくつもの精神的、思想的格闘を経なければならなかった。この書はまさにその田川の苦闘の記録であり、自己変革を踏まえた「被爆の思想」の形成過程である。その過程は、次の文に集約的に示されている。

「すべての被爆者が、人知れず心の苦しみをいだき続けた。屍体につまずいた感触や体にしみこんだ死臭とともに見てしまったこの世の地獄は、脳裏から消し去ることができない。まして、炎の中で、自分を呼んで焼け死んだ父、母、わが子、わが友の断末魔の声がよみがえるとき、自分だけが生き残った後ろめたさや罪の意識にさいなまされつづける。そして、何年たっても、原爆後遺症で死んでいく被爆者を目の前にするとき、明日はわが身かと恐れおののかねばならない。……中略……／反人間的な地獄の体験の中で、被爆者も一時期は自己を喪失し、戦後になっても、体の中、心の中に、つねに原爆を抱いて苦しみつづけねばならなかった。できることなら原爆から逃げて、いまわしい原爆のことを忘れて生きたかった。しかし、被爆者の場合、それは不可能なことだった。核兵器から逃れられないとすれば、それと立ち向かってたたかうしか生きようがない。たたかうことで失った自分の人間性を取り戻す。つまり人間回復、峠三吉の詩でいえば、『にんげんをかえせ』を叫ぶ生き方を求めざるをえなかった。しかもそのたたかいに勝たねば、犠牲となった人たちが犬死となり、被爆者の生きる誇りや生きがいにならないのである。考えてみれば、これは、被爆者だけの生き方ではなく、被爆国民すべての人、いや、核時代に生きる人類すべての人びとの生き方になっていくのではないだろうか。」（「非核・平和教育実践のあゆみ」、『非核・平和教育を国民のものに』一九九〇年）

人は、ひと（他者）の死が、自分の存在と関わり、責任があるのではと思うとき、その失われた生をも引き受けることで、死者に許され、死者に励まされて生きる。被爆者は、残されたものの責任として生きるという課題を背負うことで、生きることを真正面から背負い直す。「この身をさらしても」とは、そういう被爆者の新しい生き方への決意を語る言葉であろう。それはまた被爆者の人間回復の道程でもあったと田川はいう。

被爆50年（一九九五年）が一つの転機となった。この年こころざしを新たに、田川は山口勇子氏らとともに『原爆と文学』の再刊に踏み切る。そして被爆の思想を結晶させるべく六年間にわたる連載に取り組んだ。田川は多くの被爆者の証言を集め、整理し、吟味し、死者のこえを読み取り、何度も語り、書き、練り直した。

田川は、そのようにしてたたかいとして生きる被爆者の、したがってまた自分の生き様を、「被爆の思想」として体系化し、二〇世紀から二一世紀へ引き渡さねばならない一つの思想的結晶として、結び合わせようとした。それは田川の悲願であり、生きる意味そのものといってよい。この本は、その田川の熱い努力と思索のなかから生み出された。

（二）

「〈ヒロシマ・ナガサキが忘れ去られたとき、再び広島・長崎はくり返される〉。だとすると、原爆による一人ひとりの死者を、今も人々の中に生かしつづけねばならない」田川は、原爆によって殺された二〇万人の死者を並べれば一〇〇㎞に及ぶことを想起させつつ、しかし一人ひとりが固有の名前を持っていることを強く訴える。そして「〈人間だけは、死んでも人の心のなかに生きることができる。この世からいなくなるときが人間の死ではない。忘れられたときが人間の死である〉」と強調する。そして一人ひとりの被爆証言をもう一度文字で語らせつつ、名前を持った一人ひとりの声を、一人ひとりの被爆者を、われわれの中に生かしつづけることを強く迫る。それは、死者を、死者の声を、人類の中に生かしつづけることで、ヒロシマ・ナガサキをくり返させぬ時代を作り出すためである。

いくつかの契機が、田川を勇気づけ、被爆者としてより意識的に生きる道へと導く。一九六五年の田沢湖高原で開催された文学教育研究全国大会での黙祷と峠三吉の「墓標」の朗読、東京の下町の被爆者を訪ねての「被爆者の会＝東友会」の組織化、被爆教師の会の結成（一九七一年）、全国平和教育シンポジウムの開催（一九七三年）、等々。そしてその過程で、田川は、幾度も幾度も、自分のなかに生きている死者との対話をくり返す。そして死者に励まされ、死者に替わって生きることを深く決意する。未だに引き起こされる戦争と、原爆投下に関わる人類史的な総括が遅々として進まないことへの憤りに突き動かされる。そして証言の読みとりを通して一層多くの被爆者と深く繋がり、被爆の思想への思考を成熟させようとした。被爆者運動を進め、核廃絶運動を進める仲間と互いに励まし合い、連帯を広げていった。そしてまだそのたたかいが多くの試練を経なければならないなかで、少しでも生きてたたかい続けたいと、病身をおして、日々を生きる。

自らの命をかけたたたかいに裏打ちされて、戦争反省をめぐる論理や思想のあり方について、核を廃絶し、戦争を終わらせるという視点からの鋭い把握が拓かれていく。「被爆者もアジア諸国への侵略の一端を担った日本国民としてまた加害者でもある」という問題の投げかけが、原爆という非人道兵器の行使自体を人類的犯罪として追求する視点を曖昧にするものであってはならないことを、丁寧に、しかし断固として説く。「国家の戦争責任」と「国民の戦争責任」を区別しつつ、国民の責任は、自国の政府の戦争責任を徹底して追及し、そしてまた現在の日本が再び世界を支配し、武力で制圧する側の国家となることと正面からたたかうことにおいて、生きているわれわれ自身に厳しく問われ続けていることであること、そしてその課題を背負うことでこそ国境を越えてアジアの民衆と連帯できること、加害と被害の関係を統一的に把握することは、この姿勢と実践においてのみ可能であることを、田川は自らの体感として感じ、主張する。

田川の教育へのエネルギーは、何よりも田川自身の被爆体験と不可分である。しかし田川の平和教育論は、被爆体験の継承に留まらず、人間の深い感性をいかにして育てるかという一貫した関心に貫かれている。それは、田川自身の戦前、戦中の被教育体験に根ざしている。田川少年は、心からの皇国少年であり、皇国日本を信じて育った。そして感性に訴えかける文学教育が、そのような少年を作り出した苦い教訓を、ゆっくりと反芻するようにして思い起こし、深め、感性の教育をいかに位置づけるかを、国語教育・文学教育の最も重要なテーマとして探究する。同時にまた、戦前の教育が、教育勅語などで示された建前としての「正義」に抵抗することを許さず、国民を戦争の極限にまで追いやったものであることを、苦い思い出とともに振り返る。戦時中、朝礼で、校長先生の「東方遙拝の気持」についての問に、思わず手を挙げて「テンノウヘイカサマニ、オハヨウゴザイマスト、ココロノナカデ、イイマス」と発言した時の、自分を偽ったことへの深いとまどいと悔恨は、今もなお田川の平和教育への熱い思いへと引き継がれている（「天皇と原爆と子ども・青年の死」）。この経緯と思いが伝わるように、第Ⅱ部の最後に、「私の昭和史」を入れた。

（三）

この本の構成は、三部からなっている。第Ⅰ部は、本書の核心としての「被爆の思想」をとらえたものである。第Ⅱ部は、その被爆の思想が、教師としての田川のなかで、次第に教育の仕事へと具体化される過程であり、それと不可分にない合わされた日本の平和教育のあゆみのスケッチである。同時に、教育の思想を形成していくさいに常に反省的に振り返られる戦前の被教育体験がここに収められている。第Ⅲ部は、田川が、教師として最も精力的に展開した文学教育に関する諸論文である。

本書に収録した論文には、初出時の表現に若干の変更が加えられている部分があるが、それは、①全体の表記の統一性を確保するためのもの、②明らかな誤字や表現上の単純な改善のためのもの、③異なった原稿において、同一の事柄について異なった文章が使われているために、調整が必要な部分に手を加えたもの、④詩などの引用において、原典に立ち戻ってその表記や出典文献名を改めたことによるもの、⑤この本に収録するに当たって、もとの論文の構成を改編したことによるもの、がある。これらの変更は、編集委員会の責任において行った。なお、引用で、出典が明記されておらず、編集委員会の調査でも判明しなかったものが若干あり、それらについては、何も注記がない。この点お許し願いたい。

田川の病状の故に、細部については、田川の了解を得ないで、編集委員会の判断で作業を進めたが、この本が田川の意図にそうものとなるために努力した。また、できるだけ重複を避けるようにしたが、大幅な書き換えはできなかったので、いくつかの部分で、内容上の重複があることをお許し願いたい。

この出版が、田川の闘病を支える励ましになることを心から願う。

二〇〇三年六月二〇日

編集委員会代表　横川嘉範／編集委員　佐貫浩・増岡敏和

田川 時彦（たがわ・ときひこ）
1929年、広島市に生まれる。はじめ広島県で、のち東京都で公立学校に勤務し、平和運動・被爆者運動をすすめる。03年現在、東京都原爆被害者団体協議会会長・社団法人東友会会長。
――詳しくは本書〈略歴〉参照。

原爆と人間
✴21世紀への被爆の思想
●二〇〇三年 八 月 六 日――――第一刷発行
著 者／田川 時彦
発行所／株式会社 高文研
東京都千代田区猿楽町二―一―八
三恵ビル（〒一〇一＝〇〇六四）
電話 03＝3295＝3415
振替 00160＝6＝18956
http://www.koubunken.co.jp
組版／WEB D（ウェブディー）
印刷・製本／三省堂印刷株式会社
★万一、乱丁・落丁があったときは、送料当方負担でお取りかえいたします。
ISBN4-87498-310-3 C0036

◆現代の課題と切り結ぶ高文研の本

日本国憲法平和的共存権への道
星野安三郎・古関彰一著　2,000円
「平和的共存権」の提唱者が、世界史の文脈の中で日本国憲法の平和主義の構造を解き明かし、平和憲法への確信を説く。

日本国憲法を国民はどう迎えたか
歴史教育者協議会編　2,500円
新憲法の公布・制定当時の日本の指導層の意識と思想を洗い直すとともに、全国各地の動きと人々の意識を明らかにする。

劇画・日本国憲法の誕生
古関彰一・勝又 進　1,500円
『ガロ』の漫画家・勝又進が、憲法制定史の第一人者の名著をもとに、日本国憲法誕生のドラマをダイナミックに描く！

【資料と解説】世界の中の憲法第九条
歴史教育者協議会編　1,800円
世界史をつらぬく戦争違法化・軍備制限をめざす宣言・条約・憲法を集約、その到達点としての第九条の意味を考える！

これだけは知っておきたい 日本と韓国・朝鮮の歴史
中塚 明著　1,300円
誤解と偏見の歴史観の克服をめざし、日朝関係史の第一人者が古代から現代まで基本事項を選んで書き下した新しい通史。

歴史の偽造をただす
中塚 明著　1,800円
「明治の日本」は本当に栄光の時代だったのか。《公刊戦史》の偽造から今日の「自由主義史観」に連なる歴史の偽造を批判！

福沢諭吉のアジア認識
安川寿之輔著　2,200円
朝鮮・中国に対する侮蔑的・侵略的な真実の姿を福沢自身の発言で実証、民主主義者・福沢の〝神話〟を打ち砕く問題作！

福沢諭吉と丸山眞男
◆「丸山諭吉」神話を解体する
安川寿之輔著　3,500円
丸山により確立した「市民的自由主義」者福沢諭吉像の虚構を、福沢の著作に基づいて解体、福沢の実像を明らかにする！

歴史家の仕事
●人はなぜ歴史を研究するのか
中塚 明著　2,000円
非科学的な偽歴史が横行する中、歴史研究の基本を語り、史料の読み方・探し方等、全て具体例を引きつつ伝える。

歴史修正主義の克服
山田 朗著　1,800円
自由主義史観・司馬史観・「つくる会」教科書…現代の歴史修正主義の思想的特質を総括、それを克服する道を指し示す！

憲兵だった父の遺したもの
倉橋綾子著　1,500円
中国人への謝罪の言葉を墓に彫り込んでほしいとの遺言を手に、生前の父の足取りを中国現地にまでたずねた娘の心の旅。

最後の特攻隊員
●二度目の「遺書」
信太正道著　1,800円
敗戦により命永らえ、航空自衛隊をへて日航機長をつとめた元特攻隊員が、自らの体験をもとに「不戦の心」を訴える。

★表示価格はすべて本体価格です。このほかに別途、消費税が加算されます。